本书是湖北省高校人文社科研究基地培育项目"湖北健康生活与康居环境设计研究中心"成果和"基于360度全景直播技术的直播技术研究"（项目编号：08024143）成果

视觉沉浸式360度全景电商直播

石钰 ◎ 著

华中科技大学出版社
http://press.hust.edu.cn
中国·武汉

内 容 简 介

本书是一本深入研究360度全景直播技术在电商直播领域应用中的视觉效果与交互效果的著作。Web2.0时代所展现出的去中心化、开放、共享等互联网时代特点,加速了新媒体的发展步伐。数字技术的不断进步以及媒体平台的多样化发展,使得信息的传播方式更加多元化。360度全景式电商直播融合了360度全景技术与电商直播的特色,是一种基于前沿数字技术打造的创新性营销方式。其目的在于通过为消费者提供沉浸式的购物体验,激发他们的正面情绪,从而推动消费行为的产生。当前,随着电商直播内容的逐渐饱和,除了价格优势外,采用更加新颖有趣的多媒体技术手段也成为吸引更多用户、提升平台用户黏性和市场份额的有效途径。综合实验效果与研究成果来看,360度全景直播的最大优势在于其直播场景的广泛共享能力,这种能力能够显著增强消费者的临场感和沉浸感。未来,360度全景电商直播技术的发展必将进一步依托360度全景技术的优势进行深度开发和实现。理想的全景电商直播内容,应围绕扩大360度全景技术的优势为核心,根据市场趋势和用户需求的变化,灵活调整技术、互动、服务等多维度的设计策略,为消费者创造更加深入、沉浸的购物体验。本书旨在为沉浸式技术在新媒体领域的应用提供理论支撑与实践指导。

图书在版编目(CIP)数据

视觉沉浸式360度全景电商直播 / 石钰著. -- 武汉:华中科技大学出版社,2024.11. -- ISBN 978-7-5772-1378-1

Ⅰ. F713.365.2

中国国家版本馆CIP数据核字第2024E7K119号

视觉沉浸式360度全景电商直播
Shijue Chenjinshi 360 Du Quanjing Dianshang Zhibo

石钰 著

策划编辑:	彭中军
责任编辑:	狄宝珠
封面设计:	孢 子
责任监印:	朱 玢

出版发行:华中科技大学出版社(中国·武汉)　　电话:(027)81321913
　　　　　武汉市东湖新技术开发区华工科技园　　邮编:430223
录　　排:武汉创易图文工作室
印　　刷:武汉市洪林印务有限公司
开　　本:889 mm×1194 mm　1/16
印　　张:8
字　　数:252千字
版　　次:2024年11月第1版第1次印刷
定　　价:69.00元

本书若有印装质量问题,请向出版社营销中心调换
全国免费服务热线:400-6679-118　竭诚为您服务
版权所有　侵权必究

前言

　　Web2.0时代是一个极具特色的互联网时代,它拥有去中心化、开放性和共享性的显著特征,并且高度重视用户的社交互动与集体智慧。在Web2.0时代,互联网用户的参与度显著提升,逐渐催生出一种新兴的媒体模式——自媒体。自媒体是一种以个人为核心,专注于内容创作与分享的新型媒体形式。近年来,自媒体的影响力日益扩大,已经逐渐超越了传统媒体。特别是在2016年之后,短视频行业迎来了爆发式增长,数字技术的广泛应用为自媒体内容的创作手法和表现形式带来了丰富多样的可能性,使得内容的制作与传播变得更加便捷和高效。

　　360度全景直播技术在电商直播领域的应用,以及打造视觉沉浸式直播内容的研究,是横跨多个学科的重要研究课题。目前,360度全景直播技术已经开始在视听内容的创作中崭露头角。然而,由于该技术在实际应用层面存在一定的门槛,因此尚未得到广泛应用。业界对于该方面的研究和实践也相对较少。对于360度全景直播技术的未来发展及其在电商直播中的应用前景,仍需进行更加深入的研究和探索。360度全景技术在直播领域的应用研究,对于推动直播、自媒体等新媒体行业的创新和升级具有深远的意义。

　　本书深入探讨了360度全景技术与电商直播行业的结合,以"沉浸式电商直播"为主题,展开了一系列研究和实践。本书共分为五个章节:第1章为引言;第2章详细阐述了数字经济时代与媒介的演变;第3章则对沉浸和体验进行了深入探讨;第4章为视觉沉浸式电商直播设计研究;第5章是对电商直播的展望与创新。本书的创新点主要体现在以下三个方面:一是将前沿的数字技术与电商直播这一新兴的商业营销模式进行了有机结合,打造了一种独特的视觉沉浸式电商直播体验,从而拓展了传统电商直播内容的传播方式;二是在体验经济时代背景下,强调了移动终端内容服务的沉浸式体验设计的必要性;三是深入关注了移动终端用户的参与度和互动性,为未来的研究和实践提供了有益的参考。

　　鉴于笔者的水平和实践条件有限,本书中的研究内容仍存在一些不足之处。在此,我们恳请各位专家、学者和读者能够不吝赐教,提出宝贵的意见和建议。

石钰
2024年9月

目录

第1章 引言 /1

　1.1　选题缘起　/1
　1.2　研究背景和意义　/4
　1.3　研究内容和目的　/8
　1.4　国内外研究综述　/10
　1.5　研究方法、创新点与结构　/12

第2章 数字经济时代与媒介的演变 /15

　2.1　数字经济时代　/15
　2.2　媒介的演变　/17

第3章 沉浸和体验 /36

　3.1　沉浸感和临场感　/36
　3.2　体验经济　/37
　3.3　沉浸式体验　/37

第4章 视觉沉浸式电商直播设计研究 /58

　4.1　电商直播视觉场景化趋势　/58
　4.2　视觉沉浸式电商直播的技术探索　/75
　4.3　沉浸式新媒体内容案例研究　/85
　4.4　基于360度全景技术的视觉沉浸式电商直播设计研究　/93

第5章 展望与创新 /111

　5.1　360度全景直播的发展策略　/111
　5.2　新媒体内容行业的创新与可持续发展策略　/112

参考文献 /115

第1章 引言

在本章节中,我们首先引入了研究选题,随后详细阐述了本研究的研究背景及其重要意义,并明确了研究内容和研究目的。通过深入的文献研究,我们分析了国内外相关研究的现状。同时,我们也指出了本研究中可能存在的局限性,并据此确定了研究方法及研究框架等核心内容。

1.1 选题缘起

信息时代以来,信息对社会和公众生活的影响日益加深。特别是随着信息技术和数字技术的飞速发展,公众获取信息、社交互动、学习、工作、娱乐以及生活方式都在向数字化转变。尤其是互联网技术和移动互联网技术的成熟,使得人们越来越频繁地通过互联网获取信息。智能手机的普及和5G网络时代的到来,更是让一部智能设备就能连接全球,公众的学习、工作、社交、娱乐、购物等社会活动也愈发依赖移动智能终端。

近年来,云计算、大数据、物联网(IoT)、人工智能等前沿数字技术的发展,加速了社会生活的数字化转型。对于文化内容而言,数字技术的发展也在改变内容的生产方式和公众的消费形态。特别是虚拟现实技术、增强现实技术等沉浸式数字技术的发展,为内容产业的发展带来了新的机遇和挑战。这些前沿数字技术通过模拟创造更加逼真的三维立体空间,重塑了人与信息媒介、信息空间之间的关系,使用户能够身临其境地体验内容,极大地丰富了用户的感官体验。

与此同时,技术的发展也带动了公众消费需求的变化,互联网生态也在发生变革。进入Web2.0时代以来,互联网环境逐渐呈现出去中心化、开放、共享的特点,强调用户社交互动和集体智慧的发展。个人用户在互联网上的参与度大幅提升。在这种环境下,以"个人"为传播中心的新媒体形式——自媒体,逐渐成为社会热议的话题。自媒体内容通常以社交媒体为传播平台,具有创作门槛低、独立性强、自主性高、互动性好、个性化突出等特点。近年来,随着公众生活节奏的加快,自媒体内容通过移动智能终端快速传播,也在一定程度上推动了自媒体行业的发展。自媒体的社会影响力甚至逐渐超越了传统媒体,为公众带来了新的生活娱乐方式、信息获取渠道和工作机会等。

随着国家对自媒体行业的监督和管理不断加强,自媒体行业的发展日益规范化,为公众营造了一个健康、积极、向上的网络环境。然而,随着自媒体行业竞争的加剧,如何吸引更多用户、提升内容的可读性和可视化程度,成为自媒体创作者们亟待解决的重要问题。

纵观自媒体内容的发展历程,从文字、图像到短视频、直播,虽然传播形式在不断变化,但真正优质的自媒体创作者始终坚持以内容为核心竞争力,以创意为设计导向。特别是在抖音等短视频内容平台火爆之后,我们不难发现,数字技术对于自媒体内容的创作起到了至关重要的作用。它提高了自媒体内容的可读性和可视化程度,增强了内容的吸引力和表现力,为自媒体创作者提供了更多的创作可能。图1-1展示了常见的智能终端上的自媒体内容。特别是抖音等短视频平台的发展,充分证明了数字技术在丰富自媒体内容表现形式方面的重要作用。这些自媒体内容通过智能手机、平板电脑等移动终端,随时随地传达给公众,不断满足社会大众对文化内容的消费需求。

图 1-1　常见的自媒体内容

（图片来源：微博、小红书、App Store）

　　短视频社交平台抖音在 2016 至 2017 年间在我国爆火。抖音平台本身具备内容创作的功能和属性，在一定程度上降低了短视频的制作门槛。抖音平台的出现，让每一个普通用户都能使用其创作内容的功能，快速编辑自己的短视频，并在平台上进行分享。一时间，短视频数量呈爆炸性增长。抖音和短视频的爆火，让笔者认识到，数字技术的发展对自媒体内容的创作产生了巨大的推动力。这种推动力不仅在于技术的应用可以使内容创作的过程变得更加简洁、高效,同时也在于,技术的应用能够帮助创作者更加生动地展现自己的创意和想法,使创作出的内容更加丰富、有趣,并且提升了内容的质量和深度。通过技术的应用,可以实现个人创作内容的差异化,提升内容的吸引力,让这些内容能够在海量的作品中脱颖而出,获得更多的关注。当前,虚拟现实技术、增强现实技术等前沿数字技术不断发展,也在改变公众的内容消费方式。特别是人工智能、大数据、云计算等技术的深入应用,预示着在未来,不论是内容的创作还是分享、推送,都将呈现出更加智能化、个性化的特点。在技术融合的背景下,内容创作者需要利用好这些技术,以更好地适应不断变化的自媒体市场环境。例如,通过人工智能技术提高内容创作的效率;通过大数据分析更准确地把握潜在用户的需求和喜好;或是通过虚拟现实技术、增强现实技术等沉浸式数字技术为用户带来沉浸式的内容体验,让用户仿佛身处内容之中。这些技术能够帮助内容创作者更好地理解用户的需求,在注重内容独特性的同时,创作出更加符合用户群体喜好、更加优质且有价值的内容。因此,技术的进步也给自媒体内容创作者带来了新的机遇和挑战。

在2018年,笔者首次接触了光雕投影(projection mapping)技术,被其独特的视觉体验深深吸引。光雕投影技术是一种利用高亮度投影设备,将图像、影像等内容投射到非屏幕类物体的外表面上的新媒体技术。它融合了光影技术和投影技术,能够在建筑外墙、舞台等任意对象的表面投射影片,形成富有动感、立体感强、视觉冲击力大的视觉体验。光雕投影技术摒弃了传统的屏幕作为媒体内容的传播媒介,转而将建筑外墙或任意物体的外表面作为成像屏幕,使虚拟的数字影像与真实的物理世界融为一体,展现出强烈的视觉冲击力,为观众带来全新的视觉享受与独特的沉浸感。自此,笔者便开始了对以光雕投影技术为代表的沉浸式数字技术,以及能带给消费者沉浸体验的数字内容的研究。

智能手机普及后,公众逐渐习惯了使用美颜相机拍照,用美图软件修图,以及用视频模板快速处理随手拍摄的视频。由此可见,数字技术的发展已经在潜移默化中影响着公众的娱乐习惯。2008年,美图秀秀上线,这是一款致力于为用户提供智能化图片编辑功能的应用。美图秀秀的功能从基本的滤镜、美肤、美颜等图片编辑功能,发展到现在的AI生图、AI扩图、智能抠图等一键式修图功能,使每个用户都能轻松使用美图秀秀创作出属于自己的图片。美图秀秀在修图方面的智能化、专业化,使其在全球范围内拥有了1.3亿的月活跃用户。

2016年,抖音上线。抖音是一款带有内容创作属性的音乐创意短视频平台。在抖音出现之前,普通用户很难想象自己能在几分钟内制作出一条属于自己的音乐短视频。抖音为用户提供了拍摄、剪辑、滤镜、特效等多种智能剪辑功能,使每个用户都能成为内容的创作者。只需简单的几步操作,用户就能将自己拍摄的生活片段,以自己喜欢且富有创意的方式,通过音乐短视频分享给全世界。抖音的火爆不仅得益于平台自身提供的内容,更重要的是抖音依托数字技术为用户提供了便捷、高效的内容创作工具,降低了内容创作的门槛,同时也提升了内容的表现力和吸引力。

从图片编辑到短视频的制作,数字技术的发展不仅降低了创作的门槛,还为内容创作者提供了更高效的创意工具。这些工具使内容创作者能够更加便捷、高效、自由、灵活地表达和展现自己的创意和想法,提升了内容的可读性和可视化效果。如今,随着元宇宙和人工智能概念的兴起,数字技术的发展将继续影响自媒体内容的创作。面对新媒体内容行业内日益激烈的竞争,如何让自己的作品在众多作品中脱颖而出,成为互联网爆款,成为自媒体创作者们需要面对的重要问题。这就需要创作者们不断学习新技术、新理念,以适应不断变化的内容市场。特别是随着虚拟现实、增强现实、混合现实等技术的不断发展,自媒体内容的创作方式将变得更加多样化。创作者可以利用这些技术,创造出更具沉浸感、互动性的内容,吸引用户的注意力,提升内容的传播效果以及价值和品质,创作出更有深度、内涵和价值的内容,以满足用户对高质量内容的需求。

"沉浸式"主题的文化消费活动在近几年迅速崛起。2019年,沉浸式娱乐行业的规模已达到了618亿美元,沉浸式体验产业更是广泛涵盖了展览陈列、实景娱乐、地产商业、文化旅游等多个行业和领域,成为公众重要的文化娱乐消费内容。在这个万物皆可自媒体、万事皆可"沉浸"的时代，笔者开始思考：如果运用沉浸式数字技术制作自媒体内容，是否能为消费者带来更具沉浸感和互动性的娱乐体验呢？2020年底，一名抖音博主在自媒体平台上发布了一条"秀学历"的视频，引发了关于"沉浸式"的热烈讨论。此后，自媒体社交平台上涌现了大量以沉浸式为主题的内容，如沉浸式凡尔赛、沉浸式学习、沉浸式化妆、沉浸式开箱等。这些"沉浸式"短视频通过强化声音效果或采用第一视角的拍摄手法，着重突出听觉体验，触发观众的ASMR反应（自发性知觉经络反应），让观众放松心情、保持愉悦，仿佛身临其境，更深入地感受视频的每一个细节和博主的每一个动作。这种沉浸式的表现手法使自媒体内容变得更加生动有趣，也更容易吸引用户的注意力。那么，如果将沉浸式数字技术应用于自媒体内容的创作，会带来怎样的体验呢？在研究过程中，笔者发现不少新媒体内容行业的从业者尝试过使用沉浸式数字技术进行内容创作，但并未掀起太大波澜。那么，这其中的原因又是什么呢？

1.2 研究背景和意义

1.2.1 研究背景

2021年3月，我国的"十四五"规划纲要中提出了"加快数字化发展，建设数字中国"的发展要求，明确指出：实施文化产业数字化战略，加快发展新型文化企业、文化业态、文化消费模式，壮大数字创意、网络视听、数字出版、数字娱乐、线上演播等产业，并推进沉浸式视频、云转播等应用，让数字技术全面融入社会交往和日常生活的新趋势，构筑美好数字生活图景。虚拟现实（VR）技术和增强现实（AR）技术更是被列为数字经济发展的重点产业。对于"沉浸式"产业的发展，我国早在"十一五"期间就已展开了对人机交互的沉浸式现实技术及其应用的探索与研究。而在2011年至2015年的"十二五"期间，交互艺术、沉浸式互动体验以及沉浸式展演空间等核心技术更是成了重点扶持内容。

随着数字技术的飞速发展，大数据、云计算、物联网、区块链、人工智能、5G通信等新兴数字技术已成为推动社会生产力发展的重要引擎。特别是在农业经济、工业经济之后，数字技术的飞速发展和广泛应用推动了数字经济的崛起。与传统经济模式相比，数字经济以数字化的知识和信息作为关键生产要素，以数字技术为核心驱动力，以现代信息网络为重要载体，是一种新型经济形态。数字经济通过实现数字技术和实体经济的深度融合，不断提高产业的数字化、网络化、智能化水平，旨在加速重构经济发展和经济治理模式。信息化、网络化、智能化和全球化是数字经济的主要特点。数字经济已成为21世纪重要的经济形态之一，推动着全球范围内的科技革命和产业变革。

尽管数字经济看似是一个抽象的概念，但它已切实地影响并改变着大众的生活方式。2023年国家互联网信息办公室发布的《数字中国发展报告（2022年）》中提到，2022年我国数字经济规模达到50.2万亿元，总量稳居世界第二，占国内生产总值的比重已提升至41.5%。与此同时，数字技术和实体经济的融合进一步深入，数字产业规模持续稳步增长。数字经济已覆盖各行各业、各个领域，大众熟悉的在线支付、数字媒体、电子商务等都是数字经济的重要组成部分。此外，云计算、大数据分析、物联网、人工智能等先进的数字技术也已渗透到大众的日常生活中。

在数字化时代背景下，数字技术和数字化应用已渗透到大众生活和工作的方方面面。只需一部电子设备，人们足不出户就能获取来自世界各地的信息和内容，还能实现工作、生活、日常消遣和娱乐等常见的社会活动。各行各业与前沿数字技术的融合既是数字经济背景下行业自身发展的需求，也是数字经济时代发展的必然趋势。数字经济不仅改变了产业的生产方式，也改变了社会公众的生活消费方式。随着社会经济的不断发展和群众物质生活水平的不断提高，基本生活需求得到满足后，文化生活类型的消费需求开始不断增加。社会大众对文化和娱乐产品的需求日益增强，作为消费者，他们更加注重多样化、个性化的文化消费体验，这也促进了文化产业的蓬勃发展。数字技术的发展为文化产业的创作、生产、传播以及消费提供了更加有效的工具，文化产业的发展也迎来了新的机遇。数字技术和文化产业的融合在一定程度上降低了文化消费内容的创作和生产门槛，新媒体的出现更是改变了内容的获取方式，加速了内容的传播速度。

数字技术可以说改变了文化内容的创作方式和创新手段，同时也革新了内容的表达语言和形式。技术赋能，特别是通过沉浸式数字技术创作出的数字内容，最大限度地模拟和还原了大众熟悉的消费场景，营造出仿佛消费者亲身在场的体感互动和情感互动体验，实现了沉浸式的文化内容消费体验。随着移动通信技术的发展，沉浸式数字技术开始应用于移动智能终端，特别是元宇宙概念的提出、AI创作的兴起，更是掀起了一股"虚拟"热潮。以内容为核心的新兴产业充分发挥行业特色，结合前沿数字技术，创作出全新的消费内容。传统行业也推陈出新，利用数字技术创作出数字化的、虚拟的应用场景，带动了行业的数字化转型和发展。在工业、文化旅游、消费、教育、展览等行业，都能看到"元宇宙"的影子。时至今日，只需一部智能设备，人们就能足不出户，随时随地实现"云社交""云旅行""云销售""云消费""云学习"等社会活动。沉浸式数字技术（immersive digital technology），以全景（panorama）技术、虚拟现实（virtual reality，VR）技术、增强现实（augmented reality，AR）技术、混合现实（mixed reality，MR）技术，以及将虚拟现实技术和增强现实技术结合的扩展现实技术（XR）等前沿数字技术为代表。使用沉浸式数字技术，可以模拟出一个近乎真实世界的消费环境，让消费者能够全身心地沉浸其中，产生一种身临其境的感受。与此同时，消费者在数字化的消费环境中，可以通过交互技术获得良好的参与感和体验感，进而产生沉浸感。

自媒体是一种以个人为创作和传播主体，以网络为传播途径，向外界发布信息资讯的媒体形式。在数字经济的浪潮下，自媒体成为信息传播与文化消费的新兴力量，其发展与变革不仅反映了数字技术的广泛应用，也深刻影响了社会文化的传播模式与消费习惯。与传统媒体不同的是，自媒体更加灵活，且具备实时互动性的特点。在数字经济的大潮中，自媒体迅速崛起，在文化传播和消费领域发挥着不可忽视的重要作用。特别是自媒体平台和内容创作App的广泛普及，大大降低了内容创作的门槛，也激发了全民的创作热情。无论是专业的新媒体内容创作者，还是业余爱好者，都可以自由、快速地制作自己的内容，并通过自媒体平台分享自己的观点、故事和创意。自媒体这种去中心化的传播方式，不仅促进了文化内容的多样性发展，还推动了文化消费的个性化与多元化。不仅如此，在自媒体平台上，用户还可以根据自己的兴趣和需求，自由选择并订阅感兴趣的内容，享受精准推送和定制化服务，从而获得更加沉浸式的文化体验。同时，平台还会通过大数据分析、用户画像等技术手段，深入分析用户喜好，优化平台推荐内容，以个性化的内容推荐方式提高用户的满意度和黏性。此外，自媒体平台提供的社交功能还能实现内容的快速传播和数据的裂变，进一步扩大文化对公众的影响力和传播覆盖面。

数字经济背景下，自媒体内容的创作者一直在积极探索新兴技术的融合应用，越来越多的沉浸式数字技术被应用于新媒体行业，如VR技术的应用。这些技术不仅为消费者带来了新鲜的视觉效果和文化消费体验，丰富了自媒体内容的呈现形式，还显著提升了用户的参与感和互动性。目前，移动互联网行业正逐步向元宇宙互联网过渡，新媒体也在向元宇宙媒体演进。在未来，自媒体将继续发挥其独特优势，紧跟前沿技术趋势，使内容更具互动性和沉浸感，从而提高内容流量，提升自身的商业价值，推动文化产业的数字化进程，促进文化产品的创新与消费升级。

电商直播作为当前自媒体重要的盈利方式，在数字经济浪潮中异军突起，以前所未有的速度改变着消费者的购物方式和消费习惯。它不仅融合了传统电商的便捷性与自媒体的互动性，还通过直播形式为观众带来更加沉浸式的购物体验。特别是电商主播的存在，通过现场展示、互动问答等即时反馈方式，一方面增强了消费者的参与感和信任感，另一方面也让电商直播变成了一种充满乐趣且具有社交属性的消费活动。随着数字技术的不断进步，电商直播也在持续创新与升级。例如，利用虚拟现实技术和增强现实技术，消费者可以在直播过程中"试穿""试用"化妆品，这种更加真实、直观的购物方式既提升了消费者的购物满意度，也为商家提供了更多展示商品的机会，为主播开辟了吸引流量的新途径。

此外，电商直播还与社交媒体、短视频平台等深度融合，形成了多渠道、多维度的营销矩阵。主播们通过分享日常生活、介绍专业知识、开展趣味挑战等内容，吸引了大量粉丝关注，进而转化为潜在的消费群体。同时，平台也利用大数据分析、智能推荐等技术手段，精准匹配用户需求与商品信息，实现个性化营销和精准推送。

在未来，主播、平台、商家将不断探索更多创新的直播模式，打造更加沉浸式的购物场景和社交体验，进一步推动电商直播行业的繁荣与升级，为消费者带来更加丰富、便捷、有趣的购物体验，为文化产业的数字化进程注入新的活力与动力。

1.2.2 研究意义

沉浸式的文化娱乐活动是近年来逐渐兴起的一种新型娱乐方式。与传统的文娱活动相比，沉浸式的文娱活动更加强调体验过程中的互动感、沉浸感，打破了传统娱乐活动的界限，让参与者在虚拟与现实交织的世界中自由穿梭，享受前所未有的感官盛宴。本研究将围绕沉浸式数字技术在自媒体内容创作中的实践和应用展开，对于本研究的研究意义，作者将从理论和实践两个方面进行阐述。

本研究的理论意义如下：

（1）丰富了数字经济的研究视角。"十二五"规划以来，数字化产业在政策与市场两方面均获得了大力支持，发展迅速，成果显著。在"十四五"规划中，提出了实施文化产业数字化战略的要求，并将沉浸式数字技术中的"虚拟现实（VR）技术"和"增强现实（AR）技术"列为数字经济发展的重点产业。本研究在大力推动数字经济的时代背景下，以智能手机为载体，探究沉浸式数字技术在自媒体行业中的应用及其对未来文化产业发展的影响，为数字经济的研究提供了更多维度的研究内容。

（2）拓展了沉浸式体验的研究视角。与大众熟悉的沉浸式体验不同，本研究旨在将沉浸式数字技术应用于移动智能终端。5G 移动互联网的发展和普及为移动终端的沉浸式体验的传播和共享提供了基本的技术支持。然而，仍存在一些不利因素影响着移动终端的沉浸式体验。本研究深入分析了消费者在沉浸式体验环境中的参与度、互动感和感官体验等，有助于进一步研究沉浸式体验产业的设计原则，为移动终端的沉浸式体验研究提供了理论和实践依据，丰富了沉浸式体验的研究视角。

（3）拓宽了电商直播的研究视角。在互联网高速发展的时代，人人都可以成为媒体的中心。自媒体带来的现象级话题以及新兴行业带来的就业和经济增长，都引起了广泛的讨论和研究。自媒体时代，内容是推动行业发展的关键。在数字化浪潮席卷全球的今天，自媒体作为数字时代的重要产物，其发展与数字技术的深度融合已成为不可逆转的趋势。电商直播作为自媒体行业的主要盈利方式，同样也在经历着技术的革新与模式的演进。本研究聚焦于元宇宙背景下，沉浸式数字技术如何与电商直播深度融合，旨在拓宽电商直播的研究边界，探讨其在新兴技术驱动下的发展潜力与变革路径，为自媒体行业和电商直播行业的未来发展提供新的启示和策略建议。

(4)丰富了沉浸式数字技术的研究视角。从中大型智能设备到移动智能终端,沉浸式数字技术在内容创作和传播方面的应用越来越多样化。当新媒体成为主流,沉浸式数字技术开始走近普通消费者,为消费者带来更多的沉浸式文化娱乐活动。元宇宙给互联网带来的变革对新媒体内容行业来说既是机遇也是挑战。本研究尝试通过案例研究和实践,探究沉浸式数字技术在数字内容创作中的设计应用和实践效果,为沉浸式数字技术的研究提供了更多的研究视角。

本研究以全景技术为典型代表,深入探究了沉浸式数字技术在电商直播中的适用性,有助于构建相应的理论框架和指导原则。不仅对相关行业的从业者具有指导意义,对于其他新媒体内容的创作者而言,本研究同样能提供宝贵的实践经验和指导建议,进而推动新媒体内容的创新与发展。同时,本研究也有助于提升公众对沉浸式数字技术的认知度和接受度,进一步推动该技术在更广泛领域的应用,提高公众生活的质量。

本研究的实践意义如下:

(1)本研究能促进数字技术更深入地融入日常生活。沉浸式数字技术的出现并非近年之事,早期主要应用于专业领域。随着家用型虚拟现实设备的普及,沉浸式数字技术开始服务于大众的文化内容消费。本研究旨在为文化行业的数字化转型提供新思路,为公众提供更丰富、有趣、优质的文娱消费内容,让公众体验更多有趣的数字内容,推动数字技术进一步深入公众的日常生活。特别是随着电商直播的发展,沉浸式数字技术的融入能为消费者带来更加生动、真实、有趣的购物体验,激发消费者的购物欲望,促进电商行业的可持续发展。

(2)本研究将为自媒体内容的创作者提供新的创作灵感和技术支持。在自媒体时代,保持内容的创新性和个性化是吸引用户的关键。沉浸式数字技术的应用将为自媒体创作者提供更多创作手段和表达方式,使内容更加丰富多样、更具吸引力。特别是具有互动性的内容,能够提升用户体验和参与度,增强内容的传播力和商业价值。因此,本研究将探索沉浸式数字技术在自媒体内容创作中的应用,为公众提供更多具有审美情趣和文化艺术素养的内容,同时提升内容创作者和消费者的创造力和文化素养。

(3)本研究对推动文化产业数字化战略的实施具有重要意义。随着数字时代的到来,各行各业都在进行数字化转型,文化产业也不例外。本研究聚焦于当前以自媒体为代表的新媒体内容,研究沉浸式数字技术在内容创作中的应用,有助于推动文化产业数字化发展战略的实施,促进文化产业和数字技术的深度融合,为文化产业的创新和发展提供有力支持。

(4)本研究有助于推动前沿性数字技术的发展。技术是第一生产力,沉浸式数字技术作为前沿性数字技术,对未来文化内容产业的发展具有巨大的应用和实践价值。新技术的融入为文化新媒体内容行业的发展带来了巨大的发展机遇。本研究以电商直播为代表,探究沉浸式数字技术在电商直播中的应用和实践效果,为未来前沿性数字技术在文化新媒体内容行业的发展提供了有益的参考。

当前,自媒体的商业影响力已经凸显,自媒体的商业化运营也逐步成熟。在自媒体这个巨大的流量池中,内容是获取流量的核心竞争力。沉浸式数字技术的应用为内容创作带来了新的思路和方式,同时也为自媒体创作者提供了更多实现内容商业化的机会。自媒体内容的创作者可以抓住机遇,探索新的盈利模式和商业合作机会,创造更多的商业价值。

综上所述,本研究在理论和实践方面都具有重要的研究意义和应用价值。通过深入的分析和实践,本研究将有助于推动电商直播、自媒体内容创作、文化产业数字化战略以及前沿性数字技术等行业和领域的发展和创新。

1.3 研究内容和目的

近些年来,智能手机已成为实现社会生活数字化、分享和获取社会信息、进行内容消费的重要手段。本研究旨在探讨以智能手机为传播媒介的电商直播内容,在融合沉浸式数字技术后,能否为消费者提供沉浸式的文化消费体验。同时,本研究将进一步分析应用于移动智能终端的沉浸式数字技术在制作数字内容时的优势与问题。

尽管沉浸式数字技术在内容创作中的应用已日趋成熟,但沉浸式数字技术的应用大多时候仍需依赖大中型设备。此外,大部分沉浸式数字技术创作的数字内容制作周期长、经济投入高。因此,如何结合移动便携式智能设备的特点和自媒体内容的特色,利用沉浸式数字技术创作适用于移动终端传播和分享的内容,将成为本研究的主要内容和目标。

"沉浸式"对于自媒体内容而言并非新词。早在 2021 年 7 月,一条带有"#沉浸式凡尔赛"话题的短视频便在短视频平台上走红,随后"#沉浸式吃播""#沉浸式护肤"等以"#沉浸式"为主题的短视频内容也在自媒体平台上爆红。

然而,这些"#沉浸式"短视频内容往往仅依赖于视觉和听觉的单一维度来营造沉浸式的氛围,并非真正意义上的多感官融合的沉浸式体验。随着技术的持续进步,移动终端对数字内容的处理能力不断提升,沉浸式数字技术也朝着轻量化、小型化的方向发展,为自媒体内容的创作带来了新的可能。

如图 1-2 所示为我国社交媒体平台"小红书"上以"沉浸式"为关键词搜索到的部分内容。在本研究中,将深入探索智能手机是否能利用沉浸式数字技术,创造出能够激发消费者情感共鸣、增强互动体验的"沉浸式"数字内容。

图 1-2 沉浸式自媒体内容

续图 1-2

沉浸式数字技术能够为消费者带来强烈的视觉冲击力以及交互式、沉浸式的消费体验,从而提升文化消费的质量。然而,移动智能设备在性能、展示屏幕及平台功能等方面的限制,在一定程度上阻碍了沉浸式数字技术在自媒体内容创作中的应用,同时也影响了消费者观看此类内容的视听体验。此外,无论是沉浸式数字艺术作品还是沉浸式虚拟现实游戏,这类沉浸式的数字内容往往需要创作者投入大量的时间和资金,这或许也是沉浸式数字技术未能广泛应用于自媒体内容创作的原因之一。

本研究从理论背景出发,以电商直播为研究对象和实践载体,通过对数字经济时代下新媒体和自媒体的发展、沉浸理论和沉浸体验,以及沉浸式数字技术的研究,并结合360度全景"电商直播"的实践案例,深入探索沉浸式数字技术在自媒体内容创作方面的理想化运行模式。

本研究的研究内容整理如下:

首先,从数字经济的时代背景出发,对媒介的演变以及以新媒体和自媒体为代表的数字媒体内容行业的发展进行了理论性研究。结合案例,介绍了涵盖文字、音频、视频、实时互联网直播等不同类型的自媒体内容,并深入探讨了数字技术的发展对数字新媒体内容行业和文化消费行业产生的影响。

其次,从心理学的角度,研究了沉浸感和临场感这两种心理状态的基本内涵。以体验经济为背景,对沉浸式体验产业的发展、分类、五感体验、设计原则、叙事设计原则等方面进行了理论性研究。同时,结合实例探讨了沉浸式体验中视觉元素对临场感和沉浸感产生的影响。

再次,对不同类型的沉浸式数字技术,如全景(panorama)技术、虚拟现实(virtual reality,VR)技术、增强现实(augmented reality,AR)技术、投影映射(projection mapping)技术等前沿数字技术进行了理论性研究。结合案例研究,以自媒体和新媒体内容为代表,探讨了沉浸式数字技术在数字媒体内容行业的运用。特别是以电商直播为例,运用360度全景技术设计了视觉沉浸式电商直播内容的实验案例,并通过实验、访谈、调查问卷等方式,对360度全景技术在实现视觉沉浸式电商直播的视觉效果方面进行了调研和探讨。

最后,针对360度全景电商直播以及数字新媒体内容行业未来的发展,提出了相应的策略和建议。

1.4 国内外研究综述

本书中,笔者重点关注了国内外关于电商直播、沉浸式体验以及360度全景直播等相关领域的研究现状与成果。

1.4.1 电商直播

在我国,电商直播作为一种创新的数字营销手段,已经吸引了各行各业从业者和研究者的广泛关注。在网络媒介环境下,"网络红人"凭借其传播渠道优势,通过专业团队整合渠道资源,组织内容生产和推广(邵巧露,张淼,2016),将个人影响力转化为网红IP的商业价值,逐步催生了多元化、成熟化的网红经济(魏立,2016)。安索帕集团公司费芮互动首席执行官蒋美兰指出,网红与直播之间存在着相互依存、共同发展的生态关系。自"直播+电商+网红"概念诞生以来,直播成了一种重要手段,其使用的关键在于策划能力(蒋美兰,2016)。近年来,电子商务已成为网红经济中主要的变现渠道(艾媒生活与出行产业研究中心,2020)。

关于电商直播的价值和意义,学者史亚娟认为,电商直播构建了一种交流指导式场景,具有更强的现场感和感染力,主播的意见引导作用显著提升了电商直播的商业价值(史亚娟,2016)。学者田丽则认为,新媒体内容行业的专业性意见将为电商直播在垂直领域的发展带来更多机遇(田丽,2020)。学者陈永晴将电商直播视为一种新的营销途径,并提出电商直播的可持续发展应以高质量内容为基础(陈永晴,2020)。裴学亮和邓辉梅认为,电商直播将消费者购物过程中的"人-商品-场景"三个要素聚焦于一个线上的即时情境中,情境中的媒介互动能够弥补非面对面情境下的互动缺失(裴学亮,邓辉梅,2020)。

针对直播情境中的互动,学者陈永晴提出,可以通过全景技术、增强现实技术等手段,打破直播的平面化限制,引导消费者多感官感受商品(陈永晴,2020)。5G移动互联网技术和虚拟现实技术等数字技术的发展,为5G环境下的电商直播实现场景化"云逛街"体验提供了坚实的技术支撑(俞华,肖克,2021)。刘亭亭和刘佳雪认为,电商直播能够打破地域界限,构建覆盖"产营销"全环节、多样态的新型营销模式(刘亭亭,刘佳雪,2023)。

在直播场景的研究方面,学者杨艳萍和李清莹基于SOR模型和服务场景理论,对农产品直播的服务场景对消费者决策的影响进行了研究。他们发现,服务场景能够提升消费者的信任度,促进购买意愿的形成。其中,视觉吸引力、原产地形象以及实时互动性对消费者的购买意愿具有积极影响(杨艳萍,李清莹,2023)。

综合上述研究,目前对电商直播的研究更多地聚焦于其营销方式。随着5G移动互联网技术的发展,移动互联网已形成了基于场景化的个性化服务模式。为了满足消费者个性化的消费需求,电商直播的营销方式已不再局限于主播个人的专业性讲解和产品展示,而是更加强调购物场景。通过丰富直播中的环境元素,创造更具亲近感、真实感的购物场景,以丰富消费者的购物体验并满足其情感需求,进而激发个体的消费行为。

1.4.2 沉浸式体验

20世纪60年代起,服务业在社会经济中的占比逐渐上升,商家愈发注重消费者的体验和满意度。随着文娱活动的兴起,体验经济逐渐形成并受到广泛关注。1998年,美国经济学家约瑟夫·派恩二世(B. Joseph Pine II)和詹姆斯·吉尔摩(James H. Gilmore)在《欢迎进入体验经济(Experience Economy)》一文中指出,社会经济形态正在向体验经济转型。他们强调,体验所带来的感官刺激会强化体验的主题,感官体验越丰富,体验就越有效且难忘。

体验经济时代强调的是消费者在购买产品或服务时所获得的感受、情感及体验。这一时代的到来推动了沉浸式娱乐行业的发展,而创造体验成了娱乐业的核心(Mirvis P.H., 1999)。迪士尼乐园在这一背景下成为沉浸式体验的先驱。

《幻境·2020中国沉浸产业发展白皮书》明确了沉浸体验的个性化模式,即通过代入式情境、多感官包围、互动叙事、满足社交需求及实现自我发现等方式,创造一个让参与者能够脱离现实环境的空间,并产生持续的愉悦感和临场感。沉浸式体验的深度模式涵盖了感官包裹、叙事参与和互动三个维度(幻境,2020)。心理学家米哈里·契克森米哈赖(Mihaly Csikszentmihalyi)用"心流"(flow)的概念来解释沉浸心理,认为沉浸是一种深度投入的状态,它能让人全神贯注于当前任务,忽略外界时空的影响,感受到愉悦和充实(Mihaly Csikszentmihalyi, 1991)。

国内外学者对沉浸式体验的研究更多地聚焦于使用虚拟现实(virtual reality, VR)技术、增强现实(augmented reality, AR)技术等沉浸式数字技术。他们开发了沉浸式媒介环境,并深入分析了环境、五感、交互等要素对沉浸式体验环境构建及体验效果的影响。外国学者Cummings J.J.和Bailenson J.N.在研究如何提高媒介环境的沉浸感时指出,临场感是沉浸式媒介环境中常被强调的关键词,但技术沉浸对临场感的影响程度仅为中等。研究表明,用户交互水平、立体视觉效果、更快的视野以及听觉内容的质量对沉浸式系统的改进具有更大的影响力(Cummings J.J., Bailenson J.N., 2016)。学者Hudson S.、Matson-Barkat S.、Pallamin N.等人通过研究验证了贝尔克(Belk, 1988)提出的概念,即体验依赖于"事物、环境和其他人"的三重支柱(Hudson S., Matson-Barkat S., Pallamin N. et al., 2019)。

人类对外界环境的感知主要依赖于五感,其中83%的信息来自视觉,11%来自听觉,3.5%来自嗅觉。我国学者柴彦宇和殷亦赫提出,可以利用新媒体技术调动体验者的五感体验,优化沉浸式交互体验,建立多维度的沉浸式体验,使消费者的全身感官与周围环境融为一体,达到身临其境的沉浸效果(柴彦宇,殷亦赫,2023)。学者邓启耀也指出,通过视觉、听觉、嗅觉、姿态以及空间设置等多方面的表达和感知交互,可以让身体获得沉浸式体验,仿佛身于某种环境和情境中(邓启耀,2023)。综上所述,深化人类五感对环境的感知对沉浸式体验中沉浸感的产生至关重要。

以SOR理论为基础,国内学者黄斌和姚梅莎在研究短视频内容对酒店营销的影响时提出,短视频的内容及其表现形式会对用户的行为、意愿及感知产生正向影响(黄斌,姚梅莎,2023)。学者刘蕴瑶、汪春蓉、王珏在研究美食类短视频对旅游者心流体验的影响时发现,消费者通过观看美食短视频所展现的图像,感知到美食价值后,会产生沉浸和心流体验(刘蕴瑶,汪春蓉,王珏,2023)。

综合上述研究,目前国内外对沉浸式体验的研究主要集中在通过技术手段和其他方式模拟真实环境,加深消费者的感官刺激,使个体产生临场感和沉浸感。对于移动终端的沉浸式体验而言,视听信息作为主要影响元素,对情感刺激具有不可忽视的影响。越真实的视觉和听觉刺激,越能让个体产生身临其境的沉浸感。

1.4.3　360度全景直播

1974年,学者Mehrabian和Russell在环境心理学的基础上提出了"SOR理论"模型,指出外界环境的刺激可以引起个体情感上的变化(Mehrabian, Russell, 1974)。学者Riaz Hussain和Mazhar Ali在此基础上,研究了购物环境对消费者购买意向的影响。研究指出,购物环境中的照明、布局、装饰等视觉元素对消费者的购买意向具有显著的积极影响(Hussain R. & Ali M.,2015)。

进入移动互联网时代后,互联网直播开始强调"场景"的价值。学者谭天认为,移动互联网内容的临场感源自"场景",移动互联网时代的竞争焦点是对"场景"的争夺(谭天,2015)。互联网直播融合了图像、文字、声音等多种数字媒体元素,具有直观立体、交互性强、实时性高、沉浸感强等传播特点(王晗,2016)。互联网直播的沉浸体验在于为消费者提供了一种实时在场的条件,让消费者能够进入特定的场景中(程明,杨娟,2017)。互联网直播的过程实质上是主播向消费者实时共享虚拟场景和应用场景的过程,直播本身就具有天然的沉浸感(聂芸芸,2018)。

真实的画面和声音,以及随时随地的参与感,能够让消费者沉浸在互联网直播所创造的"场景"中(李沁,史越,2019)。我国学者李玉玺和叶莉基于SOR理论提出,电商直播的真实性能够让消费者更全面地感知产品,进而刺激消费者的需求。特别是全景技术、增强现实技术等沉浸式数字技术在电商直播行业的应用,更真实、更立体地呈现了产品和直播间,让消费者有身临其境的体验感,对消费者的购买意愿产生正向影响(李玉玺,叶莉,2020)。

许步扬、汪滟、崔贤浩等学者认为,5G通信技术具有"大带宽、低时延、超高速率、超大连接"的特点,为全景式直播内容提供了良好的载体,并促进了高清全景直播视频在不同场景下的应用(许步扬,汪滟,崔贤浩等,2021)。学者李诗研在针对360度全景体育报道的研究中指出,360度全景技术作为一种新的媒介产品,其独特的自主控制视角和沉浸式体验感在直播报道中具有良好的发展前景。同时,她也提出了360度全景直播面临的诸如网络和技术限制、观众不习惯以及互动性不强等发展困境(李诗研,2021)。

在后续的关于360度全景直播的研究中,学者阚红敏也指出,5G网络的普及性将影响全景技术在直播方面的应用(阚红敏,2022)。学者满志禹提出,相较于使用虚拟现实头显设备,公众更愿意接受和参与更加便捷的全景视频流内容,如基于视频社交平台的手机全景直播内容(满志禹,2023)。

综合上述研究,国内外学者对于360度全景直播的研究仍处于探索阶段。360度全景技术能够为消费者带来直观、立体、有趣且身临其境的视听体验。同时,5G移动通信技术的发展为360度全景技术在直播行业的应用提供了技术支持。但在实践过程中,仍存在许多因素影响全景直播的体验效果。此外,大部分关于360度全景直播技术的研究都集中在主流媒体的实践上,而缺少在自媒体等私域领域的应用和研究。国内外学者的研究和探索反映了当前对360度全景技术在文化新媒体内容行业、数字媒体行业以及以电商直播行业为代表的直播行业的应用进行研究的价值、意义和必要性,同时也为本研究的后续工作提供了参考。

1.5 研究方法、创新点与结构

1.5.1 研究方法

本研究将采用学科交叉的研究方法。以数字经济、沉浸式体验、数字技术等内容的理论性研究为基础,结合沉浸理论以及传播学的相关理论,并运用控制变量的对比研究方法来完成本研究。具体的研究方法如下。

1. 文献研究方法

本研究的内容是数字经济背景下的沉浸式数字技术在自媒体内容创作中的适用性研究,旨在探究数字经济、自媒体、沉浸以及沉浸式数字技术之间的关系。为了梳理清楚各个概念之间的关联性、研究脉络,进而研究沉浸式数字技术在自媒体内容创作中的适用性,本研究需要查阅、搜集大量的国内外文献资料。这些文献资料将为研究的进行奠定具有权威性、时效性、代表性和创新性的理论基础。以数字经济时代为研究背景,以沉浸式数字技术和自媒体内容作为研究的主题,以探索沉浸式数字技术在自媒体内容创作中的适用性为最终的研究目标,从而确立本研究的整体研究方向。同时,本研究还将针对具有代表性的案例进行分析,通过案例研究深化对文化新媒体内容行业、沉浸产业的相关认识,为进一步探索沉浸式数字技术在自媒体内容创作中的创作策略和创新效果提供支撑。

2. 跨学科研究方法

基于360度全景技术的视觉沉浸式电商直播的研究是一个涉及多个学科领域的复杂课题。为了全面深入地探究其内涵与应用,本研究采用跨学科研究方法,整合不同领域的理论和方法,以丰富对视觉沉浸式360度全景电商直播的研究和认识。首先,基于媒介和传播学的研究领域,探讨数字技术对于相关内容的呈现方式和传播方式,分析其对信息传播效率的提升作用,并对新媒体内容行业的相关运营模式进行探讨。其次,基于艺术与设计的研究领域,为视觉沉浸式全景电商直播的视觉呈现提供有价值的见解。通过创意思维、视觉设计等角度,探讨360度全景技术在创作视觉效果方面的创新力和创造力。此外,从心理学领域的研究出发,分析用户在观看视觉沉浸式360度全景直播内容时,有效的视觉元素对个体情感、认知以及行为的影响。通过跨学科研究方法,综合不同领域的研究内容,扩大视觉沉浸式360度全景电商直播研究的深度和广度,为本研究提供综合的、立体的、有力的支持和指导。

3. 调查访谈

首先,通过调查访谈方法,掌握从业者和一般消费者对这一新型电商直播内容的态度和情感。针对不同群体的访谈,可以收集到有价值的信息,为进一步的设计和改进提供依据。其次,通过调查访谈能了解相关从业者和一般消费者对于这一新型直播内容的期待和体验反馈。最后,通过调查访谈的研究方法可以深入了解受众对于这一新型直播形式的态度、认知和感受,获取来自实际体验者的直接反馈和意见,从而更加准确地把握他们的需求和期望,为相关领域的优化和创新提供有针对性的建议和指导。

1.5.2 研究创新点

本研究在借鉴传播学、艺术学、心理学、经济学相关理论的基础上,对360度全景技术在电商直播内容中实现视觉沉浸效果的相关问题进行了深入分析和探索。本研究的主要创新点如下:

(1)本研究创新性地将前沿的数字技术与电商直播这一新兴的商业营销模式进行有机结合,以360度全景技术为核心,设计了一种视觉沉浸式的电商直播体验。这一设计不仅拓展了传统电商直播内容的传播方式,还增加了消费者获取信息的维度,旨在为消费者提供一种更加真实、身临其境的购物体验。

(2)在本研究中,基于体验经济的时代背景,我们强调了移动终端内容服务中沉浸式体验设计的必要性。随着数字技术的不断发展,公众对于文化内容和娱乐内容的消费需求也在持续增长。身临其境的沉浸式互联网购物体验能够提升用户在观看电商直播时的情感参与度,丰富他们的购物体验,同时也有利于信息的有效传达和品牌形象的构建,为电商平台和相关品牌带来了更多的创新机会和销售增长空间。

(3)本研究关注了移动终端用户的参与度和互动性。通过360度全景技术的运用,我们提高了用户的主观参与度,加深了用户与平台之间的联系,促进了用户与主播、用户与用户以及用户与平台之间的交流,从而有利于增加平台用户的黏性。

1.5.3 研究结构

本研究以数字经济时代为背景,聚焦于360度全景技术在电商直播中的应用,以数字经济和沉浸式体验为关键词，深入分析了数字经济对传统媒体的影响，以及以自媒体内容为代表的新媒体如何改变公众的文娱体验。21世纪以来，数字经济迅速崛起，成为一种重要的经济形态。它的发展推动了全球科技革命和产业变革。在数字经济时代，数字技术和互联网技术的飞速发展使得自媒体和电商直播成为当代营销和传播的重要形式。本研究将360度全景技术与电商直播相结合，旨在提供更为身临其境的购物体验，进而提升消费者的参与度和购买意愿。

  本研究的核心内容主要分为四个部分：第一部分探讨了数字经济时代对文化内容产业的影响。数字技术的发展引发了媒介时代的变革，新媒体的影响力逐渐超越了传统媒体，其中自媒体在众多新媒体内容中脱颖而出，成为社会热点。结合相关案例，本部分梳理了新媒体和自媒体内容的发展脉络及分类。第二部分通过案例分析的方法，探讨了社会上沉浸式文娱体验的发展及视觉化设计原则。结合具体案例，从视觉设计的角度分析了沉浸式体验如何增强用户的体验感、临场感和沉浸感。第三部分分别从内容创作者（电商直播从业者）和消费者的角度出发，结合采访调研、实验设计、问卷调查等方式，首先探讨了360度全景技术在电商直播中的视觉沉浸效果及应用瓶颈；其次分析了用户对沉浸式360度全景电商直播的态度和看法，为优化其视觉沉浸效果提供了依据。第四部分提出了沉浸式360度全景电商直播的理想化范式，通过多方位、多维度的研究，为相关行业和自媒体从业者提供了一种创新性的营销手段和传播方式，为文化行业的数字化转型提供了新的思路。

  综上所述，本研究旨在通过实践研究，创新性地将数字技术融合到自媒体行业的相关内容生产过程中，推动电商直播行业和自媒体行业的内容创新和传播方式的革新。同时，也为相关领域的学术研究和实践应用提供新的思路和参考。

第 2 章　数字经济时代与媒介的演变

2.1　数字经济时代

20世纪90年代,"数字经济"这一概念首次在美国学者唐·泰普斯科特出版的《数字经济:网络智能时代的前景与风险》一书中出现。数字经济是随着信息技术的进步,在20世纪90年代兴起的一种新兴社会经济形态,是继农业经济、工业经济之后出现的一种新型经济形式。在2016年召开的G20杭州峰会上,"数字经济"得到了更加详细的定义。会上发布的《二十国集团数字经济发展与合作倡议》指出,"数字经济"是指以数字知识和信息为主要生产要素,以现代信息网络为重要载体的一系列经济活动,有效利用信息和通信技术作为提高生产效率和优化经济结构的重要驱动力。中国信息通信研究院发布的《中国数字经济发展白皮书(2020年)》指出,数字化程度每提高10%,人均GDP会增长0.5%至0.62%。数字经济已成为全球经济发展的新风口。

党的十八大以来,以习近平同志为核心的党中央高度重视数字经济的发展,逐步将推进数字经济的政策上升为国家战略。2022年,国务院印发《"十四五"数字经济发展规划》,明确指出数字经济已成为继农业经济、工业经济之后的主要经济形态。2022年以来,我国中央和各地政府共出台了137部与数字经济相关的政策,以推动我国数字经济的发展以及各行各业的数字化转型,稳步提升我国数字经济的竞争力和影响力。

对于当下的社会生活而言,数字经济已不仅仅是一个概念。大数据、人工智能、云计算、数字技术等已经融入我们的生活,数字经济正在不断影响和改变着大众的社会生活方式,让大众能够切身感受到先进科学技术为生活带来的便利。与此同时,传统行业在数字化转型的过程中,通过先进的数字信息技术不断优化并提升企业的管理和生产效率,助力个体经济效益的增加。根据中国信息通信研究院发布的《中国数字经济发展白皮书(2020年)》,2019年我国数字经济增加值规模达到35.8万亿元,占GDP比重为36.2%,同比提升1.4个百分点。数字经济已成为国民经济增长的重要因素。

数字经济是一种以数字技术为基础,通过应用互联网技术和信息通信技术来推动经济发展和社会变革的新型经济形态。在探索面向数字经济的社会发展模式过程中,尽管各行各业的发展方式各具特色,但整体上呈现出数字化、创新性、快捷性、高渗透性、自我膨胀性和可持续性等基本特征。

1. 数字化

数字技术是数字经济的核心所在。数字经济的数字化特征贯穿于生产、传输、交易、媒体、储存、分析、服务、沟通等各个环节。在数字经济时代背景下,不仅社会商业模式和产业结构发生了变革,人们的生活方式和社会互动方式也受到了深远影响。

2. 创新性

在数字经济时代,创新成为社会生产力的核心推动力。数字技术的不断演进推动了各行各业的创新发展。特别是 Web2.0 时代以来,社会整体呈现出去中心化的特点,为企业和个体提供了更加开放、个性化的社会环境。与此同时,新兴技术和应用程序层出不穷,企业和个人都需要时刻保持创新意识,以提升自身社会竞争力。

3. 快捷性

网络技术的出现让全世界紧密相连。无论身处何时何地,人们都能通过网络便捷地实现信息的传递、人际交往和经济往来。随着移动网络技术进入 5G 时代,信息的传递变得更加迅速和快捷。数字经济正是借助网络技术的进步,能够实时处理并应用数字化信息,推动经济发展。

4. 高渗透性

在数字化转型过程中,数字技术、信息技术和网络技术不断向传统产业和相关领域渗透。无论是传统制造业还是新兴服务业、文化行业,都呈现出互惠互补、共同发展、相互交融的新型发展态势。

5. 自我膨胀性

自互联网进入去中心化的 P2P 网络模式以来,用户与用户之间的沟通和联系得到了深化。互联网技术是保持数字经济可持续性发展的关键。对于数字经济而言,互联网的价值在于既保持了用户之间的联系,又加深了互联网对用户的影响。乔治·吉尔德在 1993 年提出的梅特卡夫定律(Metcalfe's Law)指出,网络的价值与互联网用户的平方成正比。这意味着网络使用者越多,其价值就越大。用户之间的相互吸引促进了不同领域之间的协同创新。数字经济的自我膨胀性在一定条件下可以实现经济的自我加速、成倍增长,从而产生良性的经济增长。

6. 可持续性

与传统产业相比,数字经济在有形资源和能源的消耗方面有所减少。数字技术为经济发展带来了社会生产力的提高、新的就业机会以及技术和生产方式上的创新,从而维持了社会经济的可持续性发展。

数字经济的发展,不仅推动了社会经济的变革、促进了产业的数字化转型,还切实地改变了每个社会大众的生活状态与生活方式。数字媒体作为数字经济的重要组成部分,在数字经济时代中扮演着举足轻重的角色。数字媒体是报纸、广播、电视等传统媒体在数字时代转型后的产物。主流的数字媒体涵盖了网站、移动应用程序、社交媒体、内容媒体平台等新型媒体平台和数字媒体工具。消费者进入这些数字媒体平台或使用数字媒体工具,可以随时随地分享、讨论各种类型的数字内容。可以说,数字媒体的发展与数字技术的发展密切相关,特别是互联网技术的飞跃、宽带网络速度的提升,以及智能设备的便携化、智能化升级,都加速了传统媒体的数字化转型,推动了数字媒体的发展。

数字内容作为数字媒体中主要传播和共享的信息和媒体素材,随着数字技术的进步,也变得更加多样和丰富。数字内容涵盖的内容形式多种多样,从早期的文字、图片,到如今的音频、视频、游戏等内容,都可以通过数字技术创作出来。与传统内容相比,数字内容具有更强的交互性,让消费者能够更多地参与到内容的讨论、分享,甚至创作之中。不仅如此,数字内容相比传统内容更加便于储存、携带以及共享。只需一台智能设备,就可以随时访问和分享制作好的数字内容,这也说明了数字内容更便于分享和传播。同时,数字内容便于传播的特点也使其具有时效性。大众可以随时随地将数字内容发布到数字媒体平台上,实时共享更新,也可以实时获取最新的信息,其传播速度已远远超过了报纸、书籍等传统内容。

在社会经济发展态势、社会政策、文化特色等多方面的影响下,不同行业、不同领域的产业结构调整、生产方式变革和经济发展各不相同。对于文化娱乐领域而言,传统文化内容与新兴文化内容在数字技术和创意创新的推动下,为消费者提供了更加丰富多样的娱乐和文化体验。科技与文化的融合,使得基于数字技术的内容创作、传播和共享变得更加便捷化和多样化。可以说,数字经济对文娱内容产业的生态发展和生产格局产生了深远的影响,也为文化创意注入了新的活力。

可以说,数字技术的进步推动了数字内容的多样性发展,而数字内容的多样化又推动了数字媒体的发展、数字技术的应用和传播,以及实现了数字内容的商业化转型。在数字经济时代背景下,数字媒体和数字内容相辅相成,不仅是重要的内容和资源,也促进了数字经济时代的发展、产业的变革和创新,进而实现了社会经济的增长。数字文化内容是数字经济时代下实现文化传播和文化商业化的重要资源和核心。数字文化内容、数字媒体与数字经济相辅相成、相互促进,推动着数字经济时代的产业创新和经济增长。

2.2 媒介的演变

媒介形态演变的历史,是在技术发展推动下,人类为了使社会生活变得更加简化便捷而进行选择的历史。同时,这也是传播符号由简到繁,再进一步简化的过程。传播媒介的发展,先后经历了口语媒介时代、文字媒介时代、印刷媒介时代、电子媒介时代、数字媒介时代以及移动媒介时代,如图2-1所示。在没有文字的原始社会,语言是人们进行信息交流和共享的主要手段,口语也因此成为当时社会的主要传播媒介形式。

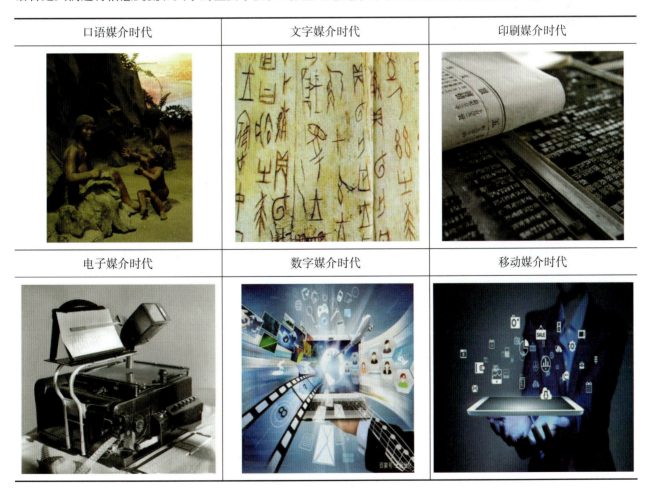

图2-1 传播媒介演变的六个主要时期

早在语言和文字诞生之前,人类就已经利用结绳、符号、原始图像等方式来记录和传播信息。这些原始的信息传播手段反映了人类对信息交流和传播的迫切需求。语言的出现,使人们能够以一种统一的方式交流、传播和共享信息,极大地拉近了人与人之间的距离。它让人们团结一致,共同生活、协作劳动,创造社会生产力,加速了社会的发展和进化,同时也使人们能够共同抵御自然灾害,确保了人类社会的持续发展。而文字的出现,则标志着人类进入了全新的文明发展阶段,文字传播时代也随之到来。文字克服了口语传播转瞬即逝的局限,使信息能够更长久地保存下来,并传递到更远的地方,在一定程度上拓宽了人们进行交流和社会活动的空间,为历史的考究和文化的传承提供了真实可靠的文献和资料。然而,尽管文字可以通过手抄的方式记录成册,但手抄的传播方式效率低下,消耗的时间和人力成本高昂,且规模范围有限,只能满足部分人群的信息和知识传播需求,无法满足大众的信息传播需求。直到印刷术的出现,才弥补了文字传播时代信息无法大规模、批量化传播的遗憾。无论是中国古代的雕版印刷术还是活字印刷术,都标志着人类开始具备了对信息和知识进行批量生产的能力。

15 世纪 40 年代,德国工匠古腾堡在中国活字印刷和油墨技术的基础上,发明了金属活字排版印刷,并制造出了第一台印刷机。欧洲的两次工业革命,使人类社会从手工生产迈入机械化生产,电力的发明更是取代了蒸汽动力,进一步推动了社会生产的自动化和机械化。至此,人类真正进入了印刷时代。在印刷传播时代,书籍、报纸、杂志等印刷出版产品成为人们获取信息、知识和娱乐的主要途径之一。

19 世纪,第一台电报机的问世以及第一条电报线的开通,标志着人类迈入了电子传播时代。电子技术的出现使得远距离的信息传播成为可能。随后,电话、电视、卫星通信技术的迅猛发展,使信息的传播在范围和速度上都实现了质的飞跃。不仅如此,录音、摄影、录像等电子技术的发展,使得信息在保持原有质量的同时,实现了大量复制和广泛传播。人类文化的记录和传承因此拥有了更加丰富、直观的声画资料。

进入 21 世纪以来,信息技术飞速发展,数字化媒体应运而生,信息传播和媒体环境再次发生了新的变革。数字传播时代的初期,电脑成为传播主体,数字化媒体成为核心,运用数字技术、信息技术、互联网技术对信息进行数字化的存储、处理和传输,实现了信息的高效传播。

数字传播时代,互联网连接了全球各地的计算机网络,极大地丰富了大众的信息来源和获取途径。与此同时,数字传播时代一点对多点的信息传播方式,以及其去中心化的特点,逐步实现了用户间的实时互动和交流,彻底改变了大众获取信息、传播和消费信息的方式。数字化的信息已成为主流,推动了传统媒体行业的转型与变革,新媒体、自媒体逐渐融入大众的生活。移动传播时代则是随着移动通信技术的飞跃和移动智能终端的普及,信息的传播和大众社交方式逐渐转移到移动智能终端上的结果。在移动传播时代,信息的传递更加高效便捷,信息的获取也更加个性化和多样化。移动传播时代的到来,进一步革新了大众获取信息的方式、沟通交流的手段,甚至改变了大众进行娱乐、消费和商业活动的方式。随着元宇宙概念的兴起,虚拟现实(VR)技术、增强现实(AR)技术等技术的发展,以及智能手表、智能音箱等智能设备的涌现,未来,传播媒介的演变或将迎来新的形态。

从媒介的概念上看,它指的是一种传递和传播信息的工具或渠道。媒介可以任何形式的物质或技术为载体出现。通过媒介,大众能够获取、处理信息,并进行交流和分享。回顾人类历史中经历并正在经历的媒介时代,从口语媒介到数字媒介和移动媒介,语言、文字、图像、声音、影像这些被普遍视为信息的形式,均成了传递信息的媒介。加拿大的媒介理论家马歇尔·麦克卢汉在其作品《理解媒介——论人的延伸》(1964 年)中提出了"媒介即讯息"和"媒介是人体的延伸"两个核心观点。加拿大物理学家和媒介环境学家罗伯特·洛根对麦克卢汉的方法论进行了解读。他认为,媒介本身的特点就能对大众的感知产生一定影响,这是媒介不依赖于其内容和讯息固有效应而独立存在的特性。同时,媒介能促进讯息和内容的发展转换。

在数字技术蓬勃发展的今天,技术赋能使得媒介不再局限于传统意义上的信息传播中介角色,不同的媒介也开始向公众展现其独特的魅力和影响力。媒介对于信息传播的影响,已不限于传播的广度,更开始深入到传播的深度。一个事件经由报纸、杂志、广播等传统媒介和互联网、社交媒体等数字化新媒体进行传播时,其传播方式和产生的结果截然不同。例如,报纸、杂志需要将信息编辑成文字、制作成图片和图表,通过印刷技术排版制作成纸质媒体供读者阅读,信息传播具有滞后性,且范围受限。而互联网传播的信息,不仅可以以文字、图片、图表等形式呈现,还可以制作成视频、动画,通过互联网分享在信息媒体、社交媒体、移动应用和流媒体平台上,供读者阅读、交流和分享。随着互联网技术的进步,信息传播时间更短,范围更广,公众之间的点对点互动交流更是极大地拓展了信息传播的范围和深度。由此可见,传播媒介不仅影响信息传播的深度和广度,还影响公众对信息的接收、感知、理解和消化的效果。

"媒介是人体的延伸"的观点也指出,媒介已不仅仅是信息传播的工具,不同的媒介会影响公众对信息的理解和认知方式。对于不同的传播媒介,人类的感知方式和交流方式也会有所不同。例如,纸质书籍以文字和图片为基本的信息呈现方式,公众在获取信息时需要调动视觉能力和思维能力去学习、记录和储存信息。而广播、电视或数字化传播媒介则需要公众调动视觉、听觉、触觉以及交流等综合能力去获取信息。"媒介是人体的延伸"的核心在于,媒介是人的感官器官以及中枢神经系统的延伸,不同传播技术的应用会影响大众的感官组织模式。

传播媒介对于公众而言,不仅仅是传播方式的变革,更重要的是能够改变公众对信息的感知、思维和交往方式。它对公众个体及社会的发展、文化的塑造和传承,以及个体的行为和思维方式都产生了深远的影响。

2.2.1 新媒体的兴起和发展

Dale Peskin 在《The Media Center》中写道,独立媒体的发展在民主启蒙时代扮演了重要角色。新媒体是在报刊、户外、广播、电视这四大传统媒体之后出现的"第五媒体"。1967 年,美国哥伦比亚广播电视网(CBS)技术研究所所长戈尔德马克(P. Goldmark)在一份商品开发计划中首次提出了新媒体的概念。1969 年,美国传播政策总统特别委员会主席罗斯托(E. Rostow)在向当时美国总统尼克松提交的一份报告书中,多次使用了"新媒体"一词。自此以后,"新媒体"这一词汇在美国开始流行,并迅速向全世界范围扩展。从概念上讲,"新媒体"的"新"是相对于传统媒体而言的,它是在数字化时代背景下,依托信息技术、计算机技术、互联网技术等新兴科技手段,向其他人传播信息的一种新型媒体形式。

2002 年至 2003 年间,美国学者丹·吉尔默(Dan Gillmor)通过对网络论坛、社交网络、博客等网络新媒体的特点进行分析和比较,得出了新媒体最显著的特点。他认为,新媒体在传播信息的同时,能够完成传播者和受众之间的互动与交流,参与传播过程的所有人都可以拥有即时表达自身见解的机会。同时,他也指出,这种新媒体的传播方式不同于以往所有的传统媒体,它将会引发传播领域的革新。

新媒体以数字技术为核心,以计算机网络或移动互联网为传播渠道,以计算机或移动智能设备为终端,为消费者提供了各类服务和大量信息。新媒体包含数字杂志、数字报纸、数字广播、数字图像、数字影片、数字电视、数字电影和触摸媒体等数字化的、多媒体化的内容。与报纸、杂志、广播、电视等传统媒体相比,新媒体被称为"第五媒体"。新媒体的"新"不仅体现在对数字技术和互联网技术的应用上,更重要的是,它强调了用户的参与度和互动性。新媒体的出现,打破了传统媒体对信息传播的垄断,使信息传播更加多元化和开放化。基于互联网和移动互联网技术,新媒体的传播速度更快、传播范围更广。

新媒体的出现可以追溯到 20 世纪末到 21 世纪初。在 20 世纪末,计算机技术和数字技术的发展,以及万维网的出现，使得信息能够在全球范围内进行传播和共享。信息的超文本化和网页的出现，为新媒体的出现和传播提供了最基本的平台。在Web2.0时代，互联网信息的传播不再是单向的，社交和共享成为Web2.0时代的主题。特别是社交媒体的兴起，改变了消费者的社交方式和信息传播方式，为新媒体内容的传播提供了强大的平台。Facebook、blog、微博、YouTube、Instagram等社交媒体平台逐渐成为消费者分享信息、互动交流的主要渠道。通过这些平台，消费者可以自主地创建内容、分享生活、与他人互动，逐渐形成了大规模的信息共享社群。

新媒体的兴起和发展过程，对社会文化的传播、经济的发展、信息的传播方式以及公众的参与程度都产生了深远的影响。从Web1.0时代到Web3.0时代，新媒体越来越广泛地深入到公众的日常生活中。同时，数字技术的成熟和普及，也为新媒体内容的制作和分享提供了技术支持。基于信息技术和通信技术，新媒体使信息的传播更加迅速、广泛和多样化。任何信息都可以更加快速、自由地传播出去。在新媒体环境下，无论是技术还是传播方式，都在不断更新，为消费者提供了更加新鲜、有趣的新媒体内容。对于公众获取信息的方式来说，新媒体也更加便捷高效。新媒体不仅适应了社会的发展，也开始引领社会生活的数字化变革。技术赋能下，新媒体技术、新媒体传播渠道、新媒体内容都逐步成熟，为公众提供了更加个性化、多样化，更具趣味性的内容和服务。新媒体既包含各种新兴的数字化媒体形式，也包含传统媒体的数字化转型，以及专业媒体机构运营的数字化平台。随着新媒体平台和内容的发展，互联网新媒体、移动新媒体、网络数字电视新媒体共同构成了当前主流的新媒体行业。

1. 互联网新媒体

互联网新媒体的发展与互联网的发展息息相关，其历程可以划分为四个阶段：Web1.0时代，这是互联网的基础建设阶段；Web2.0时代，此时互联网的社交属性和用户参与度得到强调，新媒体雏形初现；移动互联网时代，信息的获取更加便捷，加速了新媒体的普及和发展；再到Web3.0时代，新媒体平台和内容的智能化、个性化特征显著，新媒体深入公众生活，并进一步向创新、规范化、多元化、专业化的方向发展。

20世纪40年代，第一台大型计算机问世。到1981年，IBM公司生产的个人电脑(PC, personal computer)公开出售，计算机技术持续发展。与此同时，互联网技术也在不断进步。1980年，英国人蒂姆·伯纳斯－李(Tim Berners-Lee)提出了建立一个超文本系统的想法。在此基础上，1989年，他发明并开发了第一个万维网(world wide web)，即大众目前熟知的Web。万维网的出现标志着互联网发展的起步，也预示着Web1.0时代的到来。Web1.0时代的最大特点是在线和联网，以万维网为核心，将线下的信息或事件以超文本的形式，通过不同的网页链接起来。公众可以往返于不同的网页之间，浏览信息、获取资讯。但当时网页上的内容以文本和图像为主，公众只能单方面地搜索、浏览信息，被动地接收信息，互联网缺乏互动性、个性化和社交功能。然而，随着互联网技术的发展，互联网开始允许用户自主生成内容，并突出用户们基于互联网的社交互动。这标志着更加具有开放性的互联网Web2.0时代的到来。在Web2.0时代，网页上不仅有图片和文本，音频、视频等多媒体内容也能在网站上展示。相较于Web1.0时代，Web2.0时代开始强调用户参与和信息共享。网页的互动性增强，社群讨论、在线论坛等功能和平台都为用户提供了在线互动的机会。特别是以Facebook、YouTube、博客等为代表的社交媒体的迅速崛起，加速了基于互联网的社交属性和用户参与度的提升，在一定程度上推动了信息的传播和社会的数字化发展。

此时，随着移动智能手机和移动设备的普及，移动互联网快速发展。用户可以随时随地连接到互联网，大量的移动应用也成为消费者获取、分享信息以及服务的主要来源。信息、新闻、社交、购物、游戏、支付等多种多样的移动应用程序，为消费者提供了各种各样的在线服务和内容，满足了消费者个性化、多样化的消费需求。移动互联网的普及进一步推动了Web的发展，移动互联网也成为Web时代发展的重要阶段。

之后,互联网技术和移动互联网技术越发成熟。此时,大数据、人工智能、区块链以及物联网等技术迅速发展,并开始与互联网技术相融合。公众进入了一个更加智能化、个性化、安全、公平、开放、去中心化的新互联网时代——Web3.0时代(当前)。在Web3.0时代,大数据技术的应用为消费者提供了更加智能化、个性化的互联网服务。对于Web3.0时代来说,不仅仅是技术层面的变革,更重要的是互联网对公众生活、工作以及社会生产带来的影响。智能化、个性化的信息推送方式提高了用户通过互联网获取信息的效率;开放性的互联网平台让消费者能够获取来自世界各地的信息。

互联网新媒体发展的初期还是围绕着网站进行。公众通过各种各样的网站获取信息,并在网站的范围内进行沟通和交流。之后,以ICQ、MSN Messenger、QQ等为代表的即时通讯软件兴起,用户之间可以实时进行交流。特别是随着多媒体技术的发展,实时通讯不再局限于文字一种形式。图片、语音、实时通话、视频通话等实时的线上交流方式逐渐成为年轻群体之间的主流沟通方式。网络论坛的兴起更是连接了来自世界各地的网友。他们可以在网络论坛上发布信息、个人观点,并接收来自其他用户的信息和观点。再到博客、个人网站、播客、微博、网络直播平台等互联网媒体平台的出现,为公众提供了大量的数字媒体内容。人们获取、分享信息,社交、娱乐的方式逐步向互联网靠近,并成为一种消费习惯。之后,不只是专业的新媒体团体,企业、权威部门等专业性机构、团体也纷纷加入互联网新媒体行业,为用户提供更丰富的内容和服务。BBS(Bulletin Board System,电子公告板)、网络论坛、博客、个人网站、播客、微博、网络直播等新媒体平台的发展共同促进了互联网新媒体的发展和变革。

2. 移动新媒体

移动新媒体的发展离不开移动互联网技术的推动。在Web2.0时代之后,智能手机和移动智能终端迅速普及,移动互联网技术也进入了高速发展的阶段。移动新媒体为消费者提供了更加丰富多样的媒体体验。它是基于互联网新媒体,将传统媒体、数字媒体与移动智能终端相结合的一种新型媒体形式。智能移动终端的便携性使得公众可以随时随地使用智能手机、平板电脑等智能移动设备来获取、共享和交流信息。从微博到微信,再到小红书、抖音等移动社交媒体平台的涌现和火爆,原本主要服务于计算机用户群体的新闻、视频、音乐、游戏平台,也纷纷转向移动智能平台。移动新媒体的发展极大地改变了公众的信息获取习惯、社交方式以及娱乐方式,并逐渐成为公众生活中不可或缺的一部分。相较于互联网新媒体,移动新媒体无疑更加便捷,只需一部手机,公众就能随时随地实时获取媒体内容、交流观点、分享意见。移动新媒体的出现丰富了公众的内容消费体验,特别是社交媒体、电商媒体以及直播媒体等新媒体平台的发展,也为新媒体行业带来了新的机遇和挑战。

3. 电视新媒体

网络数字电视新媒体的发展是新媒体时代背景下传统媒体进行改革和数字化转型的必然趋势。电视新媒体是建立在数字电视基础之上,并基于互联网发展的一种新媒体形式。数字电视、IPTV(internet protocol television,即交互式网络电视)、移动电视、户外多媒体等都属于电视新媒体的范畴。为了顺应社会发展趋势,满足消费者的需求,电视新媒体为消费者提供了更加丰富、更加高清的视听资源。消费者可以自主选择想要收看的节目,甚至可以购买电视会员,自主决定是否观看电视广告。相较于传统电视单向的内容输出,电视新媒体的内容传播更加个性化,传播内容更加多样化,更符合当前消费者的内容消费需求。

2.2.2 自媒体的兴起和发展

当新媒体的传播者为"个人"时,新媒体就变成了自媒体。自媒体,亦被称为"公民媒体"或"个人媒体"。

作为新媒体的一种形式,自媒体相较于其他新媒体形式,更侧重于个人或团体的内容创作与传播,同时更加注重用户的参与度,以及消费者与创作者之间直接的社交互动。

自媒体的发展可追溯到20世纪90年代。当时,博客开始兴起,普通大众得以利用互联网主动参与信息传播活动。这种行为也被称为"参与式新闻"。"参与式新闻"的出现,标志着新闻和信息不再被权力和财富所垄断,同时也给传统新闻行业带来了挑战。随着新媒体和信息技术的不断革新,"参与式新闻"经历了从"线上讨论组"到用户生产内容,再到Weblog、在线社区(online community)、P2P(peer-to-peer)通信等模式的演变,逐渐发展为我们今天所熟知的"自媒体"。如图2-2所示,笔者根据"参与式新闻"的发展脉络,整理了其在主要发展阶段的主要代表类型。

图2-2 参与式新闻形式主要发展阶段的代表类型(笔者整理)

	Weblog
通常被简称为blog，也就是常说的博客，它是一种网络日志。博客是以个人或团体为中心，在网站上发布文章的平台。其内容丰富多彩，可能包含个人日记、新闻社区、企业讨论组等多种元素。	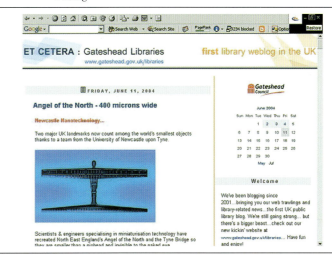
	在线社区（online community）
在线社区是在论坛、博客以及内容管理系统（CMS）等技术融合发展的基础上产生的在线交流平台，是经由互联网构建起来的虚拟社群。社群成员可以通过在线社区这一网络平台进行交流、分享信息。通常，拥有共同兴趣、目标及价值观的群体会在同一个在线社区内聚集。随着时间的推移，在线社区逐渐涵盖了各种主题和领域。用户可以在线社区中上传文字、图片等多媒体内容，积极参与线上讨论。	
	P2P（peer-to-peer）
点对点（peer-to-peer，简称P2P）是计算机网络通信的一种模式，也是目前极为流行的通信方式。在这种模式下，每个用户使用的客户端之间可以直接进行通信，无须经过服务端的中转。这既提高了网络传输速度，又减轻了服务器的负担，提供了一种去中心化的网络架构。用户之间可以直接建立连接，并直接交换信息和资源。	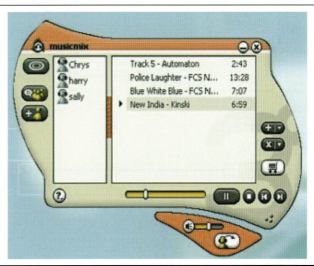

续图 2-2

2003年7月,美国的新闻学会媒体中心发布了由克里斯·威尔斯(Chris Wills)和肖恩·鲍曼(Shayne Bowman)撰写的关于"自媒体"的专题报告——《自媒体:大众将如何塑造未来的新闻和信息》(*We Media: How Audiences are Shaping the Future of News and Information*,后文简称"自媒体报告")。该报告对自媒体的基本概念进行了早期界定:"自媒体是公众利用数字化、信息化的技术,与全球信息及知识系统相连后,展现大众如何提供和分享他们自身的信息及新闻的渠道和方式。交流的方法将比信息本身更为重要。"

如今的自媒体指的是以个人或特定团体为传播主体,以互联网、移动互联网等新媒体为传播平台,将自主创作的内容发布在个人社交媒体账号或个人网站上,并对其进行传播、推广的新媒体形式。自媒体强调"个人"的创作和传播,其主要特点包括私人化、平民化、普泛化和自主化。

自媒体的兴起和发展得益于互联网、移动互联网的普及,以及数字技术的飞跃。特别是当互联网进入 Web 2.0 时代后,共享、参与、开放成为互联网环境的主题。智能手机功能的增强,使其更加智能化、多功能化,不仅能够采集影像素材,还能快速、便捷地进行素材的编辑和创作。特别是美图秀秀、抖音等基于智能手机开发的移动应用的出现和普及,在一定程度上降低了数字媒体的创作门槛,让更多人能够成为自媒体的创作和传播主体。从早期的博客、论坛(BBS)到当前的微博、短视频平台、社交媒体平台等网络社区和移动社交媒体平台,这些平台构成了自媒体传播的主流渠道,为自媒体内容的分享和传播提供了广阔的平台和渠道。

根据自媒体内容和形式的不同,自媒体可以分为文字类自媒体、图片类自媒体、视频类自媒体、音频类自媒体和直播类自媒体五大类别。然而,每种类型的自媒体内容并不局限于单一的表达形式,各种多媒体内容相辅相成,各有优势,相互配合组成一个完整的自媒体内容。这一方面丰富了自媒体的内容和形式,另一方面也满足了不同群体的消费者的内容消费需求。

1. 文字类自媒体

文字类自媒体是指以文字作为主要表达形式的自媒体内容。从早期的博客,到如今广泛流行的微信公众号、知乎专栏等,它们都以文字作为核心的内容表达手段。文字无疑是最简洁、最直接的自媒体内容表达方式。此外,文字内容的创作无需过高的技术成本和经济投入,便能实现人与人之间的信息共享与交流。因此,在自媒体发展的初期阶段,文字成为主要的内容表达形式。

21世纪初,博客(blog)开始风靡。博客最初以个人日志的形式出现,允许用户记录日常生活、分享经验、表达个人兴趣爱好及思考。博客作为典型的以文字为主要表达方式的自媒体平台(见图2-3),展现了其独特的魅力。随着博客的发展和普及,一些专业人士或团队开始通过博客,以长篇文字的形式分享其专业领域的知识和见解,吸引对该领域内容感兴趣的用户进行深入的探讨。此时的博客,逐渐形成了我们现在所熟知的自媒体雏形。

在线论坛、BBS、个人网页、微信公众号(见图2-4)、知乎专栏(见图2-5)、小说网站以及知识分享平台等,都是具有代表性的以文字为主要表达形式的自媒体平台。它们通过多种方式传播信息和观点,为自媒体领域注入了丰富的内涵和活力。

2. 图片类自媒体

数字技术和多媒体技术的发展推动了图片信息的广泛传播。图片类自媒体即以图片作为主要表达形式的自媒体内容。图片作为一种空间信息传播媒介,具有独特的优势。尽管文字拥有强大的记叙能力,但相较于文字,图片能以更形象、更具艺术性的方式记录、传递和展现信息。从原始岩画符号、传统绘画,到运用数字技术的摄影作品,图片的视觉表现力和感染力能让观者产生身临其境的现场感。

图2-6展示的是北宋著名画家张择端绘制的巨作《清明上河图》的一部分。《清明上河图》全长约5米,是我国古代最长的卷轴画之一,画面采用鸟瞰的方式,细致入微地描绘了北宋都城汴京(今河南省开封市)在

清明节期间的繁荣景象,以及居民的日常生活场景。与历史文献资料相比,《清明上河图》以其细腻的画风和写实的手法,生动地展现了北宋都城汴京的城市景观、社会风貌及民俗风情。在欣赏这幅画作时,仿佛北宋的汴京城就在眼前,因此,《清明上河图》也成了研究北宋历史文化的重要资料。

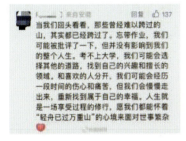

图 2-3　长篇博客

图 2-4　微信公众号

图 2-5　知乎专栏

图 2-6　《清明上河图》(局部)

图片类自媒体的发展得益于手机拍照功能的提升以及智能化、"傻瓜式"图片编辑应用的涌现。2000年10月,夏普公司推出了第一款具备拍照功能的手机——j-sh04,如图2-7所示。然而,在当时,手机的拍照功能仅作为附加功能存在,拍摄出的照片质量相对较差。进入21世纪后,随着数码相机的普及,手机制造商也开始重视拍照功能的研发。手机相机的像素提升至数百万级,拍摄出的照片质量有了显著提升,公众也逐渐习惯于使用手机相机拍照。

随后,手机进入智能时代,智能手机成为主流智能设备,手机的拍照功能也迈入了新的发展阶段。这一阶段,手机的拍照功能不仅仅局限于像素的提升,还配备了堪比专业拍照设备的感光元件、多摄像头系统以及图像处理技术。这些技术的运用,不仅使手机拍摄出的照片质量得到了显著提升,还增加了广角和超广角拍摄、拍摄时自动对焦、人像拍照模式等更加专业的拍摄功能。

此外,人工智能技术的应用更是让手机相机的拍摄功能变得更加智能。手机相机能够自动识别场景或人脸来调整拍照模式,具备智能美颜、智能防抖、智能优化等功能,为公众提供了更加智能、高效的拍照体验。"随手就能拍大片"也成了部分智能手机的主要卖点之一。

图 2-7　夏普 j-sh04(第一款拍照手机)

在2008年之后,多媒体技术逐渐普及,公众在互联网上不仅可以上传文字,还能上传图片。随后,以Instagram、美图秀秀等为代表的图片编辑类应用应运而生,它们提供了一键式的"傻瓜式"图片编辑功能,极大地简化了图片美化的步骤。

如图2-8和图2-9所示,笔者截取了移动应用Instagram和美图秀秀的部分操作界面。在一定程度上,图片编辑类应用的出现加速了图片在互联网上的流行。图片类自媒体内容是通过图片来分享身边美景、展示个人生活场景与生活碎片、传达个人观点的。这些内容可以是摄影作品,也可以是个人创作的插画、设计图片等,如图2-10所示。

图 2-8　Instagram App 相关界面

（图片来源：Instagram App）

图 2-9　美图秀秀 App 相关界面

（图片来源：美图秀秀 App）

图 2-10 图片类自媒体内容

（图片来源：小红书 App）

相较于文字，图片类自媒体在传递情感信息的同时，还能直观地传递视觉信息，即便没有过多的文字描述，也能讲述故事。这是因为图片自媒体的视觉表现力更为具体和生动。不仅如此，图片类自媒体更加注重展现自身的美学魅力，图片质量越高、画面越精美，越能快速吸引其他用户的注意。因此，图片也成了自媒体平台中一种常见且重要的内容表达方式。

3. 视频类自媒体

视频类自媒体是指以视频作为主要传播形式的自媒体。视频作为一种融合了视觉与听觉信息的综合性多媒体内容，通过动态画面、音频及视觉效果，能够更直观地展现生活中的各种瞬间。相较于文字和图片，视频内容更加生动、真实。视频往往采用第一视角记录，真实保留声音、环境、人物、物品等场景信息。与静态图片不同，视频是动态的、连续的，无须观众过多想象即可传递完整场景，给予观众身临其境的感受。

视频类自媒体种类繁多，记录日常生活的称为 vlog，随手拍摄的生活片段、介绍产品功能的广告、知识讲解与普及的教程等都属于视频类自媒体范畴。此外，还包括短片、访谈、动画等内容。

特别是以抖音为代表的集视频拍摄、编辑、分享、互动于一体的视频社交媒体的出现，极大降低了视频编辑的难度。如今，任何人都可以使用手机或相机拍摄身边的事物，并通过视频编辑工具进行剪辑和特效处理，创作出自己的视频内容。以"抖音"为例，它是一款集内容、社交、工具于一体的移动短视频应用，为用户提供视频剪辑和编辑功能，这是其核心功能之一。如图 2-11 所示，抖音的视频创作功能涵盖拍摄、剪辑、特效等基本流程。抖音的特色在于支持分段拍摄和调整拍摄速度,同时提供大量拍摄特效和音乐片段供用户选择。用户可根据喜好选择特效,并调整音乐速度与拍摄内容匹配。此外,用户还可分段拍摄,在连接处添加过渡效果,使视频更具创意。

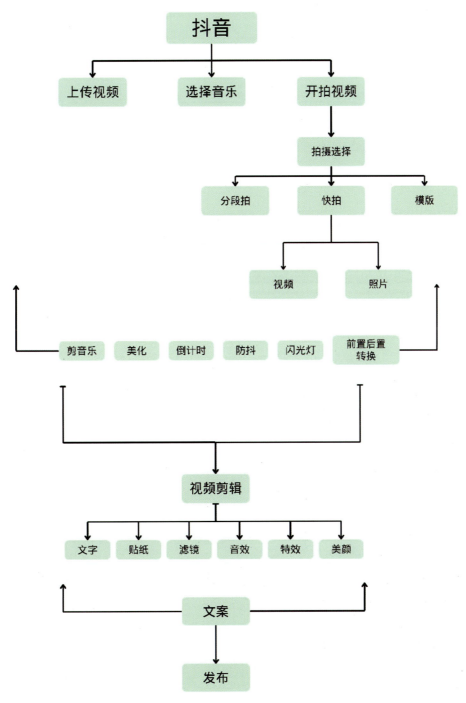

图 2-11　抖音主要的视频制作步骤(笔者根据抖音 App 制作)

根据视频长度的不同,作者将视频内容分为长视频和短视频两类。

长视频通常指的是时长超过 30 分钟的视频内容,涵盖了电影、电视剧、个人创作等长篇视频。这些视频的内容往往更加完整和丰富,需要观众投入更多的时间来观看。YouTube 是具有代表性的长视频分享平台,它创立于 2005 年，如图 2-12 所示，是目前全球范围内最大、最受欢迎的视频分享网站。观众不仅可以在 YouTube 上观看各类视频，还可以上传自己制作的视频内容。

  随着视频网站的发展，它们变得更加多元化。以优酷、腾讯、爱奇艺（如图 2-13 所示）为代表的视频网站，除了提供视频分享功能外，还开始专注于电视剧、电影、综艺、动漫等作品的版权购买和制作，以丰富自身平台的内容，吸引更多的观众。

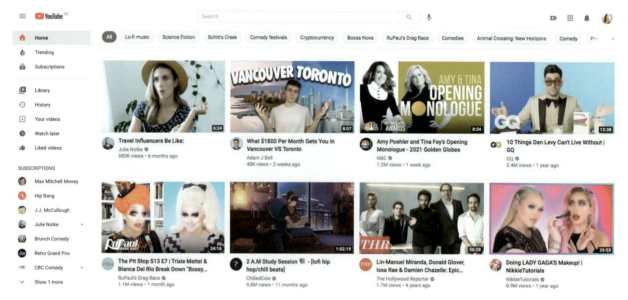

图 2-12　视频网站 YouTube

（图片来源：https://youtube.com/ 访问日期：2021-12-30）

图 2-13　视频网站爱奇艺首页

（图片来源：https://www.iqiyi.com/ 访问日期：2023-08-01）

  2009 年，一家专注于动画、漫画、游戏等二次元领域的长视频内容分享网站——哔哩哔哩（后文简称"B 站"）应运而生。如图 2-14 所示，B 站不仅提供了丰富多样的视频内容，还积极鼓励用户创作并上传原创内容。

图 2-14　视频网站哔哩哔哩首页

（图片来源：https://www.bilibili.com/?spm_id_from=333.976.0.0　访问日期：2023-08-01）

B 站推出了"弹幕"功能。所谓"弹幕"，是一种在线视频的互动方式，它允许观众在观看视频的同时，发布自己的评论和感受，这些评论和感受会以字幕的形式滚动出现在视频画面上。之所以得名"弹幕"，是因为这些表达观众感受和评论的文字或表情符号如同空中的炮弹一般飞过。如图 2-15 所示，视频顶部的文字即为观众发布的"弹幕"。与以往视频网站的评论功能不同，弹幕大大增强了消费者与视频内容之间以及消费者之间的互动性。弹幕的出现，使得即使观众独自观看视频，也能与全世界的观众一同讨论内容、剧情，从而在一定程度上增添了观看过程中的趣味性。

图 2-15　视频网站哔哩哔哩的弹幕

（图片来源：https://www.bilibili.com/bangumi/play/ep753536?spm_id_from=333.337.search-card.all.click　访问日期：2023-07-01）

视频网站的流行，也为短视频的发展积累了一定的用户基础。如图 2-16 和图 2-17 所示为短视频 App——Snapchat 和抖音的界面展示。

图 2-16　Snapchat 界面展示　　　　　　　图 2-17　抖音界面展示

（图片来源：App Store）　　　　　　　　（图片来源：App Store）

短视频通常指的是时长少于 30 分钟的视频内容。与长视频相比，短视频的制作成本相对较低。从内容上看，短视频多为记录生活场景，较少涉及艺术性表达。因此，很多短视频往往采用一镜到底的制作方式，更直接地传达创作者的意图。在创作过程中，短视频也更注重趣味性和观赏性。2012 年，Snapchat 率先提供了分享短视频的服务。随后，在 2016 年，抖音这一可以上传 15 秒短视频的移动应用应运而生。抖音为消费者提供了丰富的视频编辑工具和制作资源，并凭借其社交属性，吸引了大批追求新奇事物的年轻人。如今，短视频内容已成为当下最热门的自媒体内容之一。

文字、图片、视频，这些都是自媒体的不同表达形式。然而，这些自媒体的表达形式往往不会单独出现，而是相互结合。不少自媒体创作者会选择图文结合或视频与文字相结合的方式来进行内容创作。如图 2-18 和图 2-19 所示，这两张图片分别来自小红书和抖音这两个自媒体社交平台。

图片的优势在于其视觉上的直观刺激，能够快速吸引用户的注意，尤其擅长表达情感和美感。相较于图片，视频的优势在于其视觉信息是动态的，并且伴随着听觉信息，视频的内容表现力得到了增强，动态的表现和场景的展现都更为直观。而文字的优势则在于叙述，它能让创作者更加清晰、有逻辑地表达观点和知识，从而增加内容的深度。不论是图文结合的方式,还是视频与文字相结合的方式,这些多样化的内容表现形式不仅为消费者提供了更为丰富的自媒体内容,还极大地丰富了数字多媒体的表现形式,并且能够满足不同用户群体的不同内容消费需求和情感需求。

图 2-18　图文结合的自媒体内容

（图片来源：小红书 App）

图 2-19　视频与文字结合的自媒体内容

（图片来源：抖音 App）

4. 直播类自媒体

如果文字、图片以及视频对信息的传播具有压缩性,那么直播则是对空间的实时共享。互联网直播可以分为两大类别：一种是通过互联网传输音视频信号,将电视节目或内容传输到用户的电视机或其他智能终端设备上,供用户收看的新型电视形式。如图 2-20 所示,这就是将电视信号通过网络传输到电视机的网络电视直播服务。另一种直播则是主播使用独立的信号采集设备,接入直播平台,再通过网络上传到服务器,为消费者提供可观看的实时直播内容。直播类自媒体是指个人或团体以实时的互联网直播方式,自主策划、创作并展示才艺或产品的自媒体内容。互联网游戏直播、电商直播等都属于网络直播的范畴。如图 2-21 所示,这是以主播个人为一个直播团队进行的互联网直播内容示例。

图 2-20　网络电视直播

（图片来源：https://baijiahao.baidu.com/s?id=1674086781048608848，访问日期：2021-10-21）

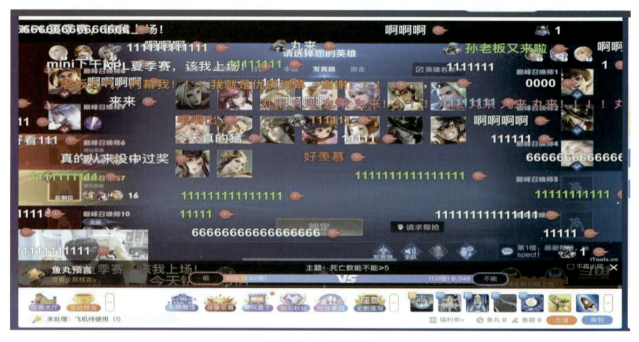

图 2-21　互联网直播

（图片来源：https://www.douyu.com/topic/2023KPL_summer?rid=36252&dyshid=0-fbff90f9228084001c5d33fa00021601 访问日期：2023-06-31）

　　直播本身是一种电视节目播放方式，它将事件的发生、发展情况实时同步地进行制作和播出。世界上第一场正式的直播新闻发生在1937年，当时英国广播公司（BBC）播出了英国首相张伯伦从德国慕尼黑谈判归来的事件，该节目名为《我们时代的和平》。

　　最早的网络直播服务出现在2004年，BlogTV平台率先为公众提供互联网直播服务，成为网络直播的先驱，但遗憾的是，它在2013年关闭了。2011年，YouTube推出了直播功能，供部分用户使用。2014年，Periscope创立，这是一款可以观看全球直播内容的软件。同年,视频直播应用 Meerkat 出现,并在短短一个月内用户数量就达到了十几万,但遗憾的是,它在一年后停止了服务。也是在 2015 年,Twitter 收购了 Periscope。此后,Twitter、YouTube、Facebook 这三大互联网公司正式进入了互联网直播行业。

我国的互联网实时直播经历了四个主要阶段:第一阶段,以社交为主要目的的秀场直播时代,当时主要的直播平台有 YY 语音、9158、六间房等。第二阶段,以赛事直播、个人游戏直播等游戏内容为主的实时直播时代,斗鱼、熊猫、虎牙、战旗、龙珠和火猫等直播平台兴起。第三阶段,智能手机普及后的移动直播时代。此时,直播内容和主体更加丰富且专业化,早期的直播平台持续稳步发展并向移动终端拓展,同时,抖音、小红书等新兴社交平台也开始涉足实时直播领域。第四阶段,"直播+"时代的到来。直播开始与传统行业全面融合,出现了"直播+"电商、"直播+"文旅、"直播+"教育等直播内容,淘宝、蘑菇街等传统电商平台也纷纷加入直播行业。实时直播具有即时性、互动性、娱乐性和商业化的特点。

(1)即时性:在自媒体、直播等新媒体兴起之前,传统的信息传递存在滞后性。自媒体的出现使每个人都能成为内容的输出者。而实时直播的兴起,使得内容的传达和接收几乎同时进行。

(2)互动性:传统的信息传播多为单向的信息输出,但互联网行业的信息传播已是双向的,具有互动性。在实时直播中,内容输出者和接收者可以即时交流、互动。当前,主流的直播平台都提供了弹幕、留言区以及打赏等实时互动功能,为直播内容提供了互动的条件和工具,缩短了传统媒体中受众反馈的滞后时间,使内容创作者能更快地了解受众的喜好。

(3)娱乐性:当前,网络和智能手机为大众提供了丰富的娱乐活动。实时直播为大众提供了游戏、社交、音乐、舞蹈、购物等多种娱乐选择。随着社会节奏的加快和大众生活的碎片化,直播提供了多样化的娱乐内容,使大众能在碎片时间中观看直播,在娱乐的同时缓解压力、获取信息,这也是直播能吸引大量关注的原因之一。

(4)商业化:随着自媒体的专业化和直播平台的规范化,直播作为自媒体的一部分,不仅能带来大量流量,还能创造可观的商业利润。这与传统媒体不同,传统媒体内容需要大量资金投入,而直播能在短时间内带来巨额收入。特别是电商类直播,直播过程同时也是商业销售过程,收入尤为可观。

实时直播打破了地域限制,让人们即使身处异地也能感受到现场的氛围。移动媒体时代,移动直播技术的快速发展使大众能随时随地观看直播内容。数字化技术实现了双向实时的信息沟通,与视频内容相比,直播对场景内环境、细节、人物、声音等信息的传递是实时的。不仅如此,主播的语言和行为还能与观看者建立感情联系,让消费者更专注于直播内容,产生一种虚拟的临场感和心理上的沉浸感。

第 3 章 沉浸和体验

3.1 沉浸感和临场感

3.1.1 沉浸感

著名心理学家米哈里·契克森米哈赖(Mihaly Csikszentmihalyi)提出的"心流"(flow)理论,常被视为解释沉浸感最为贴切的理论基础。20 世纪 60 年代,米哈里·契克森米哈赖在观察艺术家、棋手、攀岩者及作曲家等职业人群时发现,他们在从事各自工作时,往往会全神贯注地投入其中。在这个过程中,他们会忘记时间及对周围环境的感知。然而,在工作的过程中,他们能够感受到快乐,这种快乐与报酬的相关性极小甚至无关,而是源自工作过程本身。他们这种全神贯注的状态被米哈里·契克森米哈赖称为"心流"。米哈里·契克森米哈赖的心流理论,也被用来阐释"沉浸感"。"沉浸"一词本身形容的是完全浸入水中的状态,而"沉浸感"则是一种具有主观色彩的心理感受。当人们离开陆地,完全浸入水中时,不论是感官还是意识都会更多地集中在新环境中,这就是一种沉浸感。沉浸也可以用来比喻人完全处于某一种境界或思想活动中。

米哈里·契克森米哈赖的"心流"理论描述的是将个人精神力完全投注于某种活动上的感觉。从内涵上看,心流描述的确实是沉浸的状态。心理学家认为,心流是在最优体验出现时的一种积极心理状态,它能带给消费者高度的兴奋感和充实感。心流具有以下九个特征:①清晰明确的目标;②准确而及时的反馈;③技能与任务挑战的平衡;④行为与意识的融合;⑤注意力的高度集中;⑥主控感;⑦自我意识的减弱;⑧主观时间感的改变;⑨发自内心的参与。但心流的产生并不需要这九个特征同时出现。只要满足其中一个特征,并能调动个人多感官的参与,就能让消费者更深入地感受活动过程的魅力,产生心流反应,即沉浸感。沉浸感对体验的质量、效果以及感受都有明显的积极影响。

3.1.2 临场感

临场感(presence)指的是在虚拟或模拟空间环境中,或是在媒体内容体验过程中,产生的一种仿佛真实存在于该环境中的感知和情感状态。临场感可以根据物理和心理两个维度分为"空间临场感"和"社会临场感"。其中,"空间临场感"指的是在虚拟空间环境中,人们能够感知到该环境的真实性和存在感,仿佛自己真实地置身于其中,这是一种物理空间上的感受。而"社会临场感"则指的是在虚拟社交场景或社交环境中,人们通过一定的社交活动与周围环境及他人产生紧密联系,感知到环境的存在和对自己感官的影响,个体感觉自己是社交群体中的一员,同时也能感受到特定的社交情景和氛围,这是一种心理上的感知。临场感是实现沉浸式体验的核心要素之一。在虚拟或模拟环境中,真实且详细的体验环境、实时且真实的互动和反馈、情感体验与投入、时间感的模糊以及个体对周围环境的控制,都能增强个体在该环境下的临场感。

临场感与沉浸感相辅相成,相互促进。临场感强调个体在环境中的存在感,而沉浸感则强调个体在体验中的深度投入。深度的沉浸感能够增强个体的临场感,而身临其境的临场感又能加深个体的参与程度,使个体乐在其中,进而产生更强的沉浸感。

3.2 体验经济

1998年,美国俄亥俄州的战略地平线顾问公司共同创办人B.约瑟夫·派因二世(B. Joseph Pine II)和詹姆斯·H.吉尔摩(James H. Gilmore)在美国《哈佛商业评论》中发表了《欢迎进入体验经济》一文,宣告了体验经济(experience Economy)时代的到来。B·约瑟夫·派因二世和詹姆斯·H.吉尔摩在《欢迎进入体验经济》一书中,也对"体验经济"的概念进行了解读。他们认为:"体验经济是以服务为舞台,以商品为道具,以消费者为中心,从生活情境出发,塑造感官体验及思维认同,创造能够吸引消费者注意力并令其沉浸其中的活动。"

体验经济成为继农业经济、工业经济以及服务经济之后,大多数社会的第四个经济发展阶段。农业经济的核心是农业生产,通过农作物种植、畜牧养殖和渔业等农业生产活动实现自给自足,以消费为导向。工业经济的核心则是工业生产,通过对原材料的加工和转化,进行商品和产品的加工制造,强调功能和效率,以消费为导向。服务经济的核心是服务行业,包括餐饮、旅游、教育、医疗、金融、信息技术、娱乐等各类服务行业,以个性化的服务为消费导向。而体验经济则是以消费者的体验为核心的经济模式和服务理念,商品成为消费的道具,以满足消费者个性化的消费需求和情感价值为消费导向。

在传统的经济模式中,消费者通过购买商品或服务来满足自身的某种需求,这种商品的功能或服务能够满足他们的需求。而在体验经济中,消费者更注重消费过程中获得的感受和体验。因此,与其他传统经济模式不同的是,体验经济更强调一种个性化和能够产生情感共鸣的消费过程和体验。在体验经济时代,消费者的消费体验和感受成为中心,他们更加重视消费过程中的服务、互动、感官上的感受和情感上的共鸣。

随着体验经济的深入发展,"体验"这一概念影响着大众的生活、文化和消费等方面。在体验经济时代背景下,沉浸体验以体验为中心,不仅局限于文化和娱乐行业,"沉浸"的概念逐渐向各行各业渗透,为各行各业带来新的发展契机。

3.3 沉浸式体验

3.3.1 沉浸式体验产业

近些年来,"沉浸式"一词频繁出现在展览、旅行、游戏、科技等众多领域。"沉浸式体验"是一种以人为中心,旨在提升消费者在体验过程中的沉浸感的综合性体验活动。它的出现与当下的"体验经济"不谋而合。

沉浸式体验可以简单理解为,通过某种技术和手段,充分利用人的视觉、听觉、触觉等感官体验和认知体验,营造特定的环境和氛围,长时间吸引消费者的注意力,使他们能够全身心地投入到当前的体验中。沉浸感、交互感和场景感是沉浸式体验的主要特点。

当前，虽然沉浸式体验常与投影技术、虚拟现实技术、增强现实技术等沉浸式技术紧密相连，但沉浸式体验的出现并不完全依赖于这些数字技术的发展。"沉浸式"有着悠久的历史。正如艺术史学家奥利弗·格劳（Oliver Grau）所言：我们对于沉浸的渴望，并非伴随着计算机辅助虚拟现实技术的发明而出现。例如，在罗马共和国晚期的意大利博斯克瑞尔，"帕布里厄斯·法尼厄斯·西尼斯特别墅"的壁画（见图 3-1），以及欧洲古典教堂内的天顶画（见图 3-2），都是通过环绕型的场景和视觉效果，让观赏者产生空间错觉，从而营造出一种仿佛身临其境的沉浸感。

NeXT SCENE 发布的《2020 年全球沉浸式设计产业发展白皮书》中指出，沉浸式体验一直存在。随着社会经济形态向体验经济转型，沉浸式娱乐行业逐渐成型，并持续呈现发展态势。国外沉浸式娱乐产业的形成早于国内。根据该白皮书的分析，沉浸式娱乐行业初创于美国，迅速成长于英国，随着行业竞争的加剧，目前该行业已步入成熟期。根据相关记录，最早的沉浸式体验可以追溯到 20 世纪 50 年代的美国游乐园，那里通过各式各样的服装和造型塑造出不同的人物形象。1955 年开园的迪士尼乐园，可以说是世界上第一个带有营销性质的体验式娱乐主题公园，如图 3-3 所示。与此同时，在 20 世纪 50—60 年代，虚拟现实技术的雏形已经出现。英国电影制片人莫顿·海利希（Morton Heilig）构筑了"体验剧场"（experience theatre），并发明了 Sensorama（仿真模拟器，VR 的原型机），如图 3-4 所示。再到 1969 年，迪士尼推出了"幽灵公馆"（Haunted Mansion），如图 3-5 所示，参与者可以在沉浸式的环境中自由行动。

图 3-1 "帕布里厄斯·法尼厄斯·西尼斯特别墅"壁画

（图片来源：http://www.deprisco.it/pages/english.htm 访问日期：2021-05-06）

图 3-2　欧洲古典教堂内的天顶画

（图片来源：http://k.sina.com.cn/article_6642561847_18bed733700101d7h2.html?from=cul 访问日期：2021-05-06）

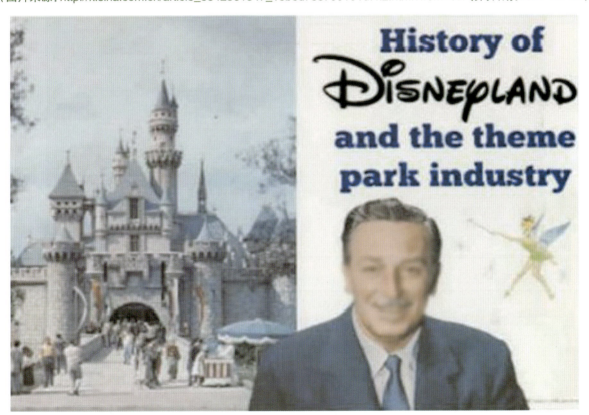

图 3-3　迪士尼乐园早期图片资料

（图片来源：https://xueqiu.com/9508834377/137204766 访问时间：2021-03-05）

图 3-4　莫顿·海利格正在使用 Sensorama

（图片来源：https://passport.baidu.com/v2/?login&u=https%3A%2F%2Ftieba.baidu.com 访问时间：2021-06-08）

图 3-5　幽灵公馆图片资料

（图片来源：https://www.sohu.com/a/200583119_100041225 访问时间：2021-05-04）

20 世纪 70 年代，诺氏鬼屋(Knott's Scary Farm)的出现巩固了现代鬼屋产业的发展。20 世纪 80 年代，一部名为《塔玛拉》的"行进式戏剧(processional play)"催生了沉浸式戏剧的萌芽。随后，另类现实游戏(alternate reality game，ARG)开始普及。ARG 游戏是一种虚拟现实互动游戏，导演史蒂文·斯皮尔伯格(Steven Spielberg)在宣传电影《人工智能》时，推出了 ARG 游戏《野兽(The Beast)》作为电影的宣传方式，如图 3-6 所示。

图 3-6　ARG 游戏《野兽(The Beast)》海报资料

(图片来源：http://big5.xinhuanet.com/gate/big5/scifi.news.cn/product?type=31&pagetype=6&s=1&page=11 访问时间：2021-05-04)

再到 21 世纪，随着密室逃脱的流行(见图 3-7)、沉浸式艺术展览馆的出现(见图 3-8)以及虚拟现实游戏的推出(见图 3-9)，沉浸式娱乐产业逐渐壮大。2018 年，沉浸式娱乐产业在全球范围内的市场规模达到近 500 亿美元；2019 年，该行业的规模达到了 618 亿美元，同比增长 24%。

图 3-7　密室逃脱图片资料

(图片来源：https://baijiahao.baidu.com/s?id=1728420660809697438 访问时间：2023-03-01)

图 3-8　沉浸式艺术展览馆图片资料

（图片来源：http://news.sohu.com/a/592743977_121119243 访问时间：2023-03-01）

图 3-9　虚拟现实游戏图片资料

（图片来源：http://it.sohu.com/a/545882144_121204267 访问日期：2023-03-01）

在我国，沉浸式产业的发展始于 2005 年。在 2011 年至 2015 年的"十二五"期间，我国的沉浸式产业雏形初步显现，并开始探索新领域、新规模的发展路径。2016 年被视为国内沉浸式产业爆发的元年，这一年，国外久负盛名的沉浸式戏剧《不眠之夜》（《Sleep No More》）被引进到国内市场，在上海打造了"麦金侬酒店"主题沉浸式剧场，正式拉开了国内沉浸式演出的序幕。2016 年至 2020 年的"十三五"期间，沉浸式相关的技术和装备被列入国家战略新兴产业发展规划，沉浸式产业得到大力发展，进入了快速发展时期。2019 年以来，

"十四五"规划更是提出了要完成"100个沉浸式体验项目"的目标,沉浸式产业呈现出百花齐放之势,进入了更加规范化、专业化的发展阶段。《幻境·2020中国沉浸产业发展白皮书》中指出,2019年我国的沉浸式产业总产值达到了48.2亿元,并且种类繁多,以沉浸式剧本杀、沉浸式密室逃脱、沉浸式新媒体艺术展、沉浸式剧场、沉浸式真人游戏、沉浸式演艺、沉浸式自习室等为代表,沉浸式体验产业涵盖了展览陈列、实景娱乐、地产商业、文化旅游等多个领域。

3.3.2 沉浸式体验的分类

根据《幻境·2020中国沉浸产业发展白皮书》,即使是同一类的体验项目,其体验形式也存在差异。白皮书中指出,通过对全球8058项沉浸式体验的系统性整理,沉浸式体验可以细分为12个大类。

(1) 复合业态,即包含多项沉浸式体验的综合型文娱体验活动,如沉浸式世界景区、沉浸式综合体、全域沉浸景区。如图3-10所示为全景式沉浸戏剧主题景区"只有河南·戏剧幻城"的景区图。该景区以整个河南为故事背景,设立了21个剧场,通过戏剧讲述河南的故事。每个剧场场景的布置都紧密围绕景区内上演的剧目,旨在打造全域内的沉浸式景区体验。

图3-10 只有河南·戏剧幻城(全域沉浸景区)

(图片来源:https://www.sohu.com/a/471214248_121117463 访问日期:2022-10-11)

(2) 创意感官,是以激发人体五感(即视觉、听觉、嗅觉、味觉、触觉)互动为核心的沉浸式体验,例如沉浸式艺术展、沉浸式光影夜游、沉浸式主题环境等。如图3-11所示为台儿庄古城特色沉浸式夜游项目中的视觉光影秀图片资料。该项目以古城的文化特色为背景,整合古城区域内的夜游资源,结合沉浸式光影技术,打造了沉浸式的夜游演艺活动,凸显了古城的文化氛围和文化内核。

(3) 实景游戏,是以真人互动为特色的实景游戏类沉浸式体验,如沉浸式密室逃脱、沉浸式真人游戏等。如图3-12所示为武汉某沉浸式密室逃脱的宣传图。密室环境不仅根据剧情进行了还原,还加入了声光电的效果,以烘托密室氛围。与传统的密室逃脱不同的是,沉浸式的密室逃脱更注重剧情的铺垫。同时,参与游戏的玩家需要更换与剧情相关的服装,密室的解密或剧情的发展都需要玩家与密室中的NPC进行互动来推动。

图 3-11 《缘梦·台儿庄古城》南门沉浸光影秀——《大河行舟》（沉浸式光影夜游）

（图片来源：http://www.haoersai.com/index.php/home/solution_detail/?pid=19&id=40 访问日期：2023-07-26）

图 3-12 武汉某沉浸式密室逃脱宣传图

（图片来源：https://www.xiaohongshu.com/explore/64b7ce540000000015033c85?app_platform=ios&app_version=7.97.2&share_from_user_hidden=true&type=normal&xhsshare=WeixinSession&appuid=5b8d2c7a33f97e5fdb677902&apptime=1690989214.640378&wechatWid=69a7d8bc285a9991eeabe34e8ee7a04d 访问日期：2023-07-26）

(4)演艺演出,是指中大型的以沉浸作为演出辅助手段的演艺活动,如沉浸式剧场、沉浸式演绎、沉浸式戏曲等。图 3-13 所示的是上海版的沉浸式剧场《不眠之夜》。整个剧场设置在一栋酒店内部,故事的背景设定在 20 世纪 30 年代的上海。在剧场内,观众可以领略到当时上海的社会风貌,如大上海舞厅、药房、老式电话等。沉浸式戏剧最早起源于英国。沉浸式戏剧的"沉浸"之处在于将观众融入戏剧之中。观众不仅是戏剧的旁观者,还可以成为推动戏剧剧情发展的一部分。剧情会根据观众的选择来演绎。

图 3-13　上海版沉浸式剧场《不眠之夜》

(图片来源:https://www.sohu.com/a/333390449_805371 访问日期:2023-07-26)

(5)主题娱乐,是以沉浸式的空间和沉浸式的游乐设备为主要设计核心展开的娱乐体验活动,如沉浸式博物馆(艺术展)、沉浸式主题乐园、沉浸式家庭娱乐中心等。如图 3-14 所示为参观者在上海 teamLab 无界美术馆内沉浸式的体验效果。"teamLab"创作团队由 600 多位艺术家、程序员、工程师、CG 动画师、数学家以及建筑师于 2001 年组建。teamLab 的首座美术馆于 2018 年在东京开幕,是全球首个完全由数字艺术构成的沉浸式数字艺术美术馆。作品的展出借助了光雕投影技术、交互等数字技术,将数字作品投射在展馆内的各个角落。参观者可以与作品进行互动,使作品产生动画效果和变化。这种展览方式打破了作品与参观者之间的界限,参观者不仅能够成为展品的一部分,还能主导展出作品的最终呈现效果,真正让参观者置身于展示作品之中。

(6)万物沉浸,是指将传统业态改造为具有特色的沉浸式空间,如沉浸式酒吧、沉浸式健身房、沉浸式照相馆等。如图 3-15 所示为内江市的一家以复古风为主的沉浸式照相馆。沉浸式照相馆的沉浸感主要体现在照相馆的室内装潢上,装修风格参考了 20 世纪 90 年代的家庭、大上海舞台以及 CD 店等元素。进入照相馆,就好像瞬间穿越到了 20 世纪 90 年代。同时,照相馆内还提供了 20 世纪 90 年代流行的服装供消费者选择。消费者可以自选服装,在馆内自行化妆、拍照。沉浸式照相馆让消费者能够真正沉浸其中的关键在于照相环境和拍照主题的高度一致——不仅照相馆的拍照环境充满了复古气息,消费者拍摄的照片也仿佛让人回到了 20 世纪 90 年代。

图 3-14 teamLab 上海展

(图片来源:http://xhslink.com/JlTdYs 访问日期:2023-07-26)

图 3-15 复古风沉浸式照相馆

(图片来源:http://xhslink.com/bKJeYs 访问日期:2023-07-26)

(7)综合现实,是指将虚拟现实技术、增强现实技术、混合现实技术与实景相结合的沉浸式体验,如虚拟现实乐园、混合现实乐园、虚拟现实戏剧等。如图3-16所示为2016年7月在纽约杜莎夫人蜡像馆开放的沉浸式虚拟现实体验——《捉鬼敢死队:Dimension》。该体验是以电影《捉鬼敢死队》为背景制作的虚拟现实项目,为消费者提供了头戴式显示器(头显)、触感背心以及追踪系统。玩家使用这些设备不仅可以在虚拟现实中与捉鬼队员对话,还能碰触到周边的墙壁或椅子,甚至能感受到被攻击、被"鬼"摸的触感。这是一种具有高度临场感的高端虚拟现实游戏体验。消费者不仅通过头显仿佛置身于游戏环境之中,更重要的是还能体验到风、热、雾等多样的触感。通过多感官的刺激,消费者能够沉浸其中,被游戏过程深深吸引。

图3-16 《捉鬼敢死队:Dimension》用户体验图

(图片来源:https://news.nweon.com/18444 访问日期:2023-07-26)

(8)互动叙事,其为实景游戏的一个分支,体验者可以主导游戏或剧情的发展,如现场电影、角色扮演体验、侵入式游戏等。如图3-17所示为一项儿童角色扮演体验活动。该活动通过让孩子们扮演不同的角色,使他们了解不同职业所需完成的任务,帮助孩子学习并认识社会上常见的职业类型。同时,这也教会孩子们在生活中遇到某些情况时,应该向哪种职业的人士寻求帮助。

(9)商旅活动,是指通过沉浸的方式打造商业活动及团建旅行体验,如沉浸式营销、沉浸式婚礼、沉浸式音乐节等。沉浸式婚礼在近些年逐渐兴起,图3-18所示的是一场以"月光下的鎏光"为主题的沉浸式婚礼。婚礼现场以金色的线条光和点光巧妙组合,构成了金色的巨型玫瑰、流星划过、月光洒落等视觉效果,让整个婚礼现场充满了神圣与神秘的气息。沉浸式的婚礼主要通过婚礼现场的精心布置以及音响效果的巧妙运用,营造出独特的婚礼氛围。与此同时,还采用了光雕投影技术、主题灯光效果以及360度环境评估等技术设施,将婚礼环境打造成为一个统一而富有主题特色的空间。

(10)惊悚挑战,是指以惊悚和挑战为主题的沉浸式体验,同时也是实景游戏和演艺演出的一个分支,包括生存体验、沉浸式鬼屋、沉浸式恐怖剧场等。如图3-19所示为重庆市的沉浸式恐怖剧场《魁魅楼》。剧场内有多个NPC(非玩家角色)进行戏剧表演。玩家与不同的NPC互动后会触发不同的支线任务。体验过程中,玩家的探索欲望被激发,通过完成任务,参与并结束整场戏剧的演出。

图 3-17　儿童角色扮演体验

（图片来源：http://xhslink.com/FFfgYs 访问日期：2023-07-26）

图 3-18　"月光下的鎏光"主题沉浸式婚礼

（图片来源：http://xhslink.com/tGRiYs 访问日期：2023-07-26）

图 3-19　沉浸式恐怖剧场《魁魅楼》
（图片来源：http://xhslink.com/FXZiYs 访问日期：2023-07-26）

(11) 教育创作，是指以激发灵感、促进学习、探索自我等教育目标为宗旨的体验活动，如沉浸式营地、沉浸式亲子教育、沉浸式马拉松等。如图 3-20 所示为中国网火炬先锋少年在长春市举办的生命安全教育情景体验活动。该活动通过让孩子们体验不同的危险情景，教会他们在不同危险情况下如何逃生和自救。

图 3-20　中国网火炬先锋少年生命安全体验
（图片来源：http://xhslink.com/CQjjYs 访问日期：2023-07-26）

（12）休闲放松，其为万物沉浸体验的一个分支，旨在通过沉浸式体验实现感官与身心的放松，如沉浸式声音浴、沉浸式集市、沉浸式派对等。如图3-21所示，沉浸式声音浴是一种通过水晶钵体进行音疗冥想的体验。它利用特殊钵体发出的声音，帮助体验者消除心中的焦虑、紧张、犹豫和恐惧等不良情绪，带来喜悦和放松的感受，从而改善失眠症状。通过这种声音治疗方式，消费者能够静下心来，达到身心同步的沉浸状态，更好地达到放松效果。

图 3-21　水晶钵体沉浸式声音浴

（图片来源：http://xhslink.com/tnEjYs 访问日期：2023-07-26）

3.3.3　沉浸式体验中的五感

沉浸式体验是一种综合性的体验活动，在体验过程中，消费者的五感（视觉、听觉、嗅觉、触觉、味觉）被充分调动起来。人类的五感是感知世界的最原始、最纯粹的方式，也是获取感觉信息的主要通道。调查显示，人类在获取信息时，有83%来自视觉，11%来自听觉，还有3.5%来自嗅觉。因此，有"人是视觉动物"这一说法。亚里士多德在其著作《形而上学》中说："人们总爱好感觉，而在诸感觉中，尤重视觉。无论我们将有所作为，或竟是无所作为，较之其他感觉，我们都特爱观看。理由是：能使我们识知事物，并显明事物之间的许多差别，此于五官之中，以得于视觉者为多。"人类通过视觉获取的信息量占总获取量的比例很高，视觉在整个感觉器官中显然占据基础和主导的地位，因此人们总会习惯性地相信自己双眼看到的事物。美国现象学家汉斯·乔纳斯（Hans Jonas）在一篇题为《高贵的视觉》的文章中指出，视觉能够提供感觉的基础，而且视觉不需要连续的过程，只需要一瞬间，人们就能通过视觉获得物质世界存在的基础信息。

在沉浸式体验中，向消费者提供的视觉信息由体验场景中的空间、环境、摆设、明暗等要素构成。无论是通过沉浸式技术创造的虚拟场景，还是虚拟和现实场景相结合的空间环境，都是通过近乎真实的图像或场景来呈现的。消费者看到的是由空间、环境、摆设、明暗等要素构成的完整场景，这些视觉信息通过眼睛传递到大脑,而人的大脑具有编码、储存、二次提取的能力。也就是说,我们的大脑可以将过往看到的事物和场景进行记忆、理解和消化。大脑会将视觉接触到的新信息与已储存的信息进行分析、提取和归类,进一步影响消费者的心理状态。虽然沉浸式体验的场景是被创造出来的,但消费者视觉接收到的信息会调动大脑中储存的记忆。场景信息越详细,人们越容易相信周围的一切。例如,若要将一个场景布置成校园中的教室,就需将教室中常见的物品如黑板、讲台、课桌、粉笔、角尺等放在场景中,并放置在它们应有的位置,如讲桌上放置粉笔、黑板擦等;或是讲桌对着课桌放置,排列好的课桌上放着书本、角尺等。以场景还原的方式,视觉感受会对大脑产生一定的"欺骗"作用,让大脑以为真的置身于教室之中。这种视觉产生的感知记忆和欺骗性,是沉浸式体验的重要特征。

听觉对于加深消费者在体验过程中的沉浸感也至关重要,它是公众获取沉浸感的第二常用感觉。人通常会通过左右两只耳朵获取声音信息,从而大致判断声音的方向、距离的远近、音量的强弱等,这些信息一起构成了声音的空间特性。也就是说,声音也可以表达一定的空间关系和空间环境。比如,用声音表现课间时间的教室时,可能有学生的讨论声、玩闹声、走路声,写作业时笔摩擦书本的声音,窗外的风声、鸟声,关门的声音,电扇或空调的声音等。根据这些声音来源的方向、远近以及声音大小的不同,人耳可以大致判断出该场景的空间环境以及场景内人与人之间的空间关系。设计者可以用声音还原真实、自然的场景,也可以进行夸张和再创作。这些声音都能够帮助消费者在大脑中构成对当前场景的感受和理解,从而产生临场感。与此同时,声音在表情达意方面具有很多优势。由于声音传播过程中具有振频、振幅、声源的变化,因此凭借声音的抑扬顿挫,既可以传达创作者本身的意思,也可以激发观众的情绪,还可以蕴含弦外之音,引发无限联想。这些都有助于消费者更快地投入当前的场景当中,产生沉浸感。

气味能够唤起人的记忆与情感,然而,每个人对气味的记忆和情感认知都是独一无二的。这是因为不同的人对气味的感受存在差异,相同的气味能够引发多种不同的联想。对于同一种味道,不同的人或对象,其感知结果可能截然不同。例如,榴莲的味道,对于不喜欢的人来说如同臭味,而对于爱好者而言则是香味。此外,每个人对气味的感知程度也不尽相同,嗅觉灵敏的人能感受到更为浓烈的味道,反之则相对较轻。因此,在沉浸式体验中,尽管嗅觉无法对环境和事物达到精确感知的程度,但它能够补充听觉和视觉信息,帮助大脑还原周边场景。

触觉是通过皮肤感受外界物体、质地、温度、压力等信息,为身体提供反馈和感受的感官。常见的触觉反馈包括VR手柄的震动反馈、触觉交互等。手柄的震动反馈能够模拟游戏中的运动效果,而触觉交互则通过手势或其他交互方式增强消费者的参与感、身临其境的体验感和沉浸感。

味觉是人类通过舌头感知食物口感和味道的一种感觉。味觉不仅包含辨识味道的嗅觉、感知质地的触感,还涉及咀嚼过程中对食物的感知以及神经带来的刺激。它是一种综合性的感官体验。与视觉、听觉、嗅觉、触觉这些基础感官相比,味觉在沉浸式体验中的应用似乎并不普遍。但事实上,这种说法仅适用于部分沉浸式体验类型。因为消费者已经自然而然地将味觉体验融入沉浸式体验的过程中。在一些沉浸式主题体验中,会为消费者提供与主题相关的食物或饮品。以古风沉浸式剧本杀《梦华录》为例,该剧本杀以电视剧《梦华录》为主题,而《梦华录》本身是由关汉卿的元杂剧《赵盼儿风月救风尘》改编而成的,故事背景设定在北宋的东京城。

图3-22是以《梦华录》为主题的沉浸式剧本杀现场的图片资料。剧本杀作为一种当前流行的沉浸式娱乐活动,要求玩家在设定好的场景和情节中扮演相关角色,通过与其他角色的互动和解析线索,破解谜题,揭开事件真相。它集解谜、推理、角色扮演等元素于一体。在《梦华录》主题沉浸式剧本杀中,茶点、茶水及点茶仪式是电视剧《梦华录》以及北宋东京城具有代表性的食物和饮食文化元素。在体验过程中,店家不仅为消费者提供相关的场景布置和服装,还准备了茶点、茶水供消费者品尝。这些食物不仅串联起故事情节,还能让

消费者通过味觉融入角色和故事中。这些看似用于满足口腹之欲的食物,实际上不仅能推动剧情发展,也让消费者在品尝宋代茶点和茶品的过程中,进一步了解宋代的饮食文化。味觉感受因此成为增强沉浸感的重要部分。

图 3-22 《梦华录》主题沉浸式剧本杀

(图片来源:http://xhslink.com/fsRVYs 访问日期:2023-07-26)

对于沉浸式体验而言,并不需要同时满足消费者在五感上的体验。对于大部分的沉浸式体验而言,在满足基本的视觉和听觉体验的基础上,丰富其他感官体验,就能营造出身临其境的沉浸感和参与感。然而,要让消费者获得更加真实、全面且愉快的沉浸式体验,丰富消费者的五感体验是不可忽视的,也是至关重要的。这同样是未来提升沉浸式体验沉浸感的关键所在。

3.3.4 沉浸式体验的体验设计原则

沉浸式体验主要通过技术和设计手段,为消费者创造一个虚拟或现实的环境。消费者通过在这个环境中的五感体验,逐渐融入并产生临场感和沉浸感。研究沉浸式体验产业可以发现,其设计是一个复杂的过程,需要设计师多维度、全面地协调体验过程中消费者会接触到的环境元素。设计师在设计沉浸式体验时遵循一定的设计原则,能够加深消费者的临场感和沉浸感。

首先,全感官体验是沉浸式体验设计的核心原则。通过视觉、听觉、触觉、嗅觉和味觉等多种感觉刺激,为消费者构建丰富的感官体验。同时,在体验过程中,让消费者的多种感官产生互动,营造出逼真的体验环境,使消费者能够完全融入其中。需要注意的是,在体验环境中,确保模拟的环境因素与真实世界保持一致,可以避免消费者产生不协调的感觉。

其次,引起消费者的情感共鸣是另一个重要原则。通过设计相关体验元素,激发消费者的情感共鸣,使他们在体验过程中更加投入。设计沉浸式体验时,还需要通过引人入胜的情节设计,提升消费者对体验活动的兴趣和参与度,引导他们不断探索。消费者在体验过程中,通过行动和思考参与到体验中,并与体验环境、其他消费者、NPC 等产生交互。参与和交互的过程让消费者成为体验活动的一部分,增强他们的参与感和满足感。同时,给予消费者足够的自由探索和互动的机会,可以增加他们的投入感。而探索过程中及时的反馈,能够让消费者感受到自己的行为如何影响体验结果,使他们更好地融入体验环境。

在设计沉浸式体验时,设计者还可以设计奖励和成就机制,激励消费者继续参与体验并主动探索更多内容。此外,使用沉浸式数字技术创作出虚实结合的体验环境,可以模糊真实世界和虚拟世界的边界,丰富消费者的视觉体验,加深他们的沉浸感。最后,设计连贯、流畅的体验情节和环境,可以让消费者更持久地投入到体验中。

这些设计原则多维度、全面地帮助设计师设计出更加引人入胜和与众不同的体验,让消费者能够全身心地融入其中,创造出令人难以忘怀的体验,赋予消费者更深层次的互动感和情感共鸣,实现沉浸式的体验效果。

3.3.5 沉浸式体验中的叙事设计原则

叙事最早指的是将事件、故事、角色、信息以一种有序且连贯的方式传达给观众或听众的行为或艺术形式。在沉浸式体验中,叙事原则不仅涵盖了通过故事、情节传达信息的内容叙事设计,还包含了利用物理空间传达信息和内容的空间叙事设计。

1. 内容叙事

一般来说,沉浸式体验虽基于日常生活,但又与其有所区别。沉浸式体验的最终目的是让体验者在过程中感受到沉浸的心理状态。对于沉浸式体验而言,叙事设计是一个关键环节。内容叙事指的是通过设计特定的叙事主题、情节以及角色,为消费者营造一个身临其境的体验场景。沉浸式体验的特点是以体验者为中心。有趣的故事主题、饱满的角色设定,以及跌宕起伏的故事情节能够激发消费者主动参与和思考,体验的结果和感受也是以消费者为中心产生变化和反馈的。

叙事主题是沉浸式体验的核心思想或中心内容,是叙事的基础,也是整个沉浸式体验的框架。它决定了体验发生的场所和背景,以及叙事情节和消费者应扮演的角色。叙事情节指的是体验过程中会发生的一系列有逻辑关联的事件,这些事件共同构成了叙事内容的结构。角色设定则涉及叙事内容中出现的人物形象及故事背景的设计,不仅包括对消费者在整个体验过程中应扮演的角色的设定,还包括商家及 NPC(非玩家角色)的设定。连贯且具有逻辑性的内容叙事能够引发消费者的兴趣和共鸣,使他们投身于故事中,充分感受体验过程,从而增强沉浸感。

以迪士尼乐园为例,它是一座具有代表性的沉浸式主题公园。乐园创始人华特·迪士尼希望将迪士尼公司最受欢迎的动画、电影变为现实,因此在迪士尼乐园中,迪士尼电影或舞台剧中的场景被搬到了公园内。迪士尼乐园以迪士尼创作的优质动画为主题,工作人员穿着迪士尼动画角色的服装与游客互动,园内随处可见迪士尼动画中的经典场景。当游客进入园中时,身穿唐老鸭、米老鼠等迪士尼经典角色玩偶衣服的工作人员演绎着角色的经典动作,与游客互动、合影,使游客仿佛置身于迪士尼动画世界中。动画角色的动作和情绪反应也随游客的互动方式而变化。如图3-23所示,迪士尼动画中的维尼熊与游客进行互动,游客仿佛走进了迪士尼创造的动画世界,成为其中的一员。这种互动过程让游客沉浸其中,流连忘返,甚至暂时忘却了园外的真实世界。

图3-23　迪士尼乐园

(图片来源:http://xhslink.com/TYDsZs 访问日期:2023-07-26)

当前,经典的文化IP(intellectual property,知识产权)为沉浸式体验提供了大量优质且饱满的叙事内容。文化IP涵盖了传统文化IP、国潮IP、动画IP、文学作品IP、影视作品IP、名人形象IP等各类文化产品。这些经典的知名IP内容本身就具有一定的文化价值、市场价值以及受众基础。与此同时,优质的IP内容在叙事主题、情节以及角色设计上更具文化深度和饱满形象。以文化为本,沉浸式体验为形式,在保持叙事内容不变的前提下,实现了叙事形式的创新与升级。这不仅提升了文化IP的社会价值和商业价值,同时也为消费者带来了更加优质的沉浸式体验。

以沉浸式博物馆为例,博物馆本身是收藏、展出文物、艺术品、历史文献等文化作品的场所,是一种集文化、教育和科研于一体的公共文化机构。博物馆的历史最早可追溯至文艺复兴时期,大英博物馆(The British Museum)是首个正式对公众开放的公共博物馆。传统博物馆以作品展出为主,消费者仅作为旁观者去观看文物、学习历史。而沉浸式博物馆则是以消费者为中心,运用现代数字技术、创新设计方法,增强观展过程中消费者的参与感和互动感。多媒体技术的运用,使展品和文化信息以更加多样化的形式呈现给观众,观众可以通过触摸、手势、位置变换等方式与展品进行互动。不仅如此,沉浸式博物馆还常采用内容叙事的方式,将展品融入相应的故事中,让消费者在不断探索展品背后故事的同时,吸引其注意力,提高参与度,让消费者能够身临其境、全身心地参与到博物馆的体验过程中。不少博物馆还推出了观展盖章、寻宝等活动,让消费者在观赏展品的同时，还能进行盖章、寻宝。如图3-24所示为湖北省博物馆盖章寻宝活动资料，博物馆将寻宝和收集印章的活动融入消费者观展的过程，以一种富有挑战意义的游戏方式，让消费者更加深入地感受博物馆中的历史文化氛围。

图3-24　湖北省博物馆盖章寻宝资料

（图片来源：http://xhslink.com/08xwZs、http://xhslink.com/KAuwZs 访问日期：2023-07-26）

2. 空间叙事

随着媒介技术的发展，消费者的参与程度也在不断提升，叙事设计不再仅聚焦于内容，叙事的形式也发生了转变。空间叙事是将叙事的概念延伸至建筑领域后形成的思维方式，它利用空间布置、环境设计以及空间元素的组织来讲述故事、传递信息。空间叙事同样以叙事内容为主题，设计体验空间的场景。

场景本身源于戏剧或电影中的场面。"场"是戏剧或电影中一个较小的故事段落，可以理解为戏剧故事中的一个片段，具有时间属性的概念。"景"则指景物，具有空间属性的概念。在体验空间中，场景是人与人面对面交往时，人与人以及人与周边环境共同构成的情境。广义上的"场景"指的是在特定环境下发生的人类行为，包含时间、地点、人物、事件关系、目的等要素。

空间叙事是一种基于故事性的空间设计方法，它以体验的内容叙事为核心展开，涵盖了对空间布局、视觉氛围以及场景交互的设计。

空间布局指的是三维空间中所有物体存在的相对位置。抽象的空间要素包括点、线、面、体，具体到建筑空间来说，则包括地面、顶棚、墙壁等具体的空间构成。沉浸体验的空间布局根据内容叙事的主题进行设计，地面的材质、棚顶的形状、墙壁的大小等空间布局设计的差异，能够营造出不同的空间氛围。而空间内的视觉信息则包含了体验空间内的物品、颜色等，这些视觉信息以体验的主题和情感为支点，能够丰富客观的体验环境，刺激消费者的五感体验，增强体验过程中的沉浸感。场景交互是消费者体验过程中与体验空间进行互动的过程，交互性是沉浸式体验的特征之一。结合对"心流"的研究可以发现,及时有效的反馈是引发"心流"心理的重要条件之一。体验者在与体验空间交互的过程中,能够感受到空间的真实性和存在感。在交互过程中,消费者的五感体验会影响他们对整个体验的认知。特别是对于非真实场景的虚拟型沉浸式体验,交互过程能够为体验者带来存在于体验空间的临场感,使体验过程更具真实性。消费者能否在体验空间中进行有效交互,也成为决定沉浸式体验能否成功为体验者带来沉浸感受的关键要素之一。

以虚拟现实游戏《Half-Life: Alyx》为例(见图3-25),《Half-Life: Alyx》是一款需要使用VR头显进行的动作冒险类虚拟游戏。游戏背景设定为人类试图夺回被外星联合军侵占的城堡。游戏使用三维引擎模拟出整个城市空间,城市内随处可见损坏的房子、公路以及残缺的雕像、花坛等,这些要素共同营造出战后破败的城市氛围。在游戏中,玩家通过VR头显和游戏手柄可以与所有物体进行互动,实现精准的物理碰撞、翻箱倒柜、清除路障、移动、抓握物体等操作均可由玩家"亲自"完成,通过视觉、听觉、触觉来感知游戏环境,给玩家带来极强的代入感和沉浸感。

图3-25 虚拟现实游戏《Half-Life: Alyx》

(图片来源:https://baijiahao.baidu.com/s?id=1664472408775010075&wfr=spider&for=pc 访问日期:2023-07-26)

图3-26为teamLab的沉浸式光影艺术展。projection mapping技术是沉浸式光影艺术展中常用的沉浸式技术之一。由于叙事形式的特殊要求,展示空间通常被设计为一个空旷、昏暗且密闭的场所。在这样的空间里,并不需要过多的装饰物,而是需要根据展示作品来精心规划空间的结构和布局。通过运用projection mapping技术,展示空间和展品能够完美融合,充满整个展示空间,使展示空间本身也成为展品不可分割的一部分。展出作品因此也被称为空间内的视觉信息,它们充盈着整个展示空间,为观众带来震撼的沉浸式体验。

图 3-26　teamLab 的沉浸式艺术展

（图片来源：http://xhslink.com/suWEZs 访问日期：2023-07-26）

　　在 teamLab 的展览中，参观者能够与展出的作品进行互动，这些作品的最终呈现结果并非固定不变，而是会随着参观者的位置、手势和动作发生变化，参观者也因此成为作品的一部分，主导着作品的呈现。整个艺术展中，数字技术巧妙地将真实世界与虚拟世界融为一体，展品与展示空间之间没有明确的界限，使得参观者难以分辨哪些是真实物体，哪些是虚拟影像。空间环境被丰富的视觉信息所充盈，给予参观者一种仿佛置身于展品之中的临场感。交互技术的运用，让观展过程更加趣味盎然，使消费者能够暂时忘却现实生活，完全沉浸于眼前的艺术作品之中。

第 4 章　视觉沉浸式电商直播设计研究

4.1　电商直播视觉场景化趋势

4.1.1　电商直播的兴起和发展

受到自媒体时代的影响,电商直播成为传统电商平台实现内容化、社区化转型的一种尝试。利用直播方式进行商品销售,对电商平台本身起到了引流和推动内容化的作用。这也是在当下内容经济、KOL经济环境影响下,传统电商平台开始发展的新模式。电商直播具有互动性和娱乐性的特点。一方面,电商直播为消费者提供更可信赖且更优惠的商品;另一方面,电商直播在一定程度上节约了用户的购物时间和成本。

电商直播很容易与电视购物混为一谈。但是,与电视购物不同的是,电商直播允许观众通过实时聊天功能向销售者询问产品相关问题,销售者也会尽可能解答消费者的疑问,满足消费者的需求。实时互动性是直播电商的重要特征之一。消费者与销售者互动的过程,为消费者提供了接近真实的购物感受。如表 4-1 所示,笔者对电视购物和电商直播进行了对比和分析。

表 4-1　电视购物和电商直播的对比分析(笔者整理)

电视购物	电商直播

续表

	电视购物	电商直播
传播载体	电视	移动智能设备,如手机、平板电脑等
平台	电视台	购物平台、电商平台、社交媒体平台等提供电商功能的移动平台
直播构成	以电视台为平台,主持人和品牌合作完成商品的直播销售	以移动平台为直播平台,主播和品牌合作完成商品的直播销售
购买方式	电话、短信、公众号等方式	平台提供的商品链接
实时互动	少,几乎没有	实时的互动,数量多,范围广

有记录显示,最早可进行产品购买的直播出现在 2008 年 11 月,当时 YouTube 开始为消费者提供网络直播服务,并通过外部链接让观看者能够购买相关产品。2016 年,中国的服饰购物 App 蘑菇街开发了电商直播小程序;而 2017 年,韩国购物网站 Timon 推出了 TVON,提供直播购物服务,这标志着各国电商行业开始迈向实时直播电商的发展道路。

我国电商直播的发展经历了三个主要阶段。2015 年至 2017 年为快速成长时期,行业处于初创阶段,内容产业呈现出多元化态势,但行业规范和监管尚不成熟。2017 年至 2019 年,随着自媒体行业的兴起,行业监管趋严,新媒体内容行业竞争加剧,内容趋向同质化,电商直播的红利逐渐显现,自媒体和新媒体内容行业开始涉足电商直播领域。2020 年以后,直播用户数量激增,电商直播行业的红利飙升,行业发展更加规范化、专业化。

海外电商直播的雏形可以追溯到 2008 年,当时 YouTube 推出了外部链接功能,让消费者能够购买直播中的产品。2017 年,韩国购物平台 Timon 推出的 TVON 平台,使观众在观看直播的同时购买产品成为可能。同年,阿里速卖通也推出了 AliExpress LIVE 频道,面向全球消费者,平台上共有 60 个直播视频,涵盖 7 种语言,并引入了网红主播和知名品牌入驻。2019 年后,海外电商直播平台迅速发展,包括韩国在 2019 年推出的 Grip 平台,该平台已有新世界免税店、AK 商店等上万店铺进行实时电商直播。截至 2019 年 11 月底,Grip 应用程序的总交易额已达 1000 亿韩元。同年,乐天集团也推出了 Onlive 电商直播平台。在 2020 年 9 月发布的一份报告中,eBest Investment & Securities 预计韩国电商直播市场规模为 3 万亿韩元,并预测到 2023 年将增长至约 8 万亿韩元。如图 4-1 所示为韩国的电商直播平台情况。

与此同时,2019 年,泰国的 Lazada 直播平台、马来西亚的 Shopee Live 以及 Amazon Live 平台也相继推出了电商直播功能。2020 年后,在海外,众多电商平台纷纷涉足电商直播领域,例如韩国第一搜索引擎 Naver 在 2020 年推出了 Naver Shopping Live,移动社交平台 Kakao 推出了

图 4-1 韩国电商直播平台(图片来源:韩国购物 App)

Shopping Live，购物平台 Coupang 也内置了直播窗口。

笔者根据时间线，整理了从 2008 年到 2021 年，我国、韩国以及其他国家主要的电商直播平台。具体信息如表 4-2 所示。

表 4-2 中国、韩国以及其他国家的主流电商直播平台（笔者整理）

	中国	韩国	其他国家
2008 年	无	无	YouTube 推出外部链接功能，消费者可以通过外部链接购买商品
2016 年	3 月，蘑菇街推出电商直播小程序； 4 月，淘宝天猫推出淘宝直播 App 和淘宝内嵌直播功能； 9 月，京东开通直播业务	无	Instagram 在平台内提供商品交易以及添加购买链接的功能
2017 年	内容平台进入直播行业，电商快手开始直播带货	Timon 推出 TVON 电商直播平台	AliExpress LIVE
2018 年	抖音上线直播带货功能	无	Facebook live，使用截屏键可获得商品链接
2019 年	3 月，唯品会与 momo 合作进行电商直播； 8 月，网易考拉上线直播模式，同月，苏宁联合快手在 App 内上线直播窗口； 11 月，拼多多尝试直播，同月，小红书推出互动直播电商功能	Grip 平台 乐天推出 Onlive 直播平台	2019 年 3 月，Lazad 直播平台在泰国提供电商直播服务； 2019 年 4 月，Shoopee Live 和 Amazon Live 平台在马来西亚提供电商直播服务
2020 年	无	7 月，Naver 推出 Naver Shopping Live； 10 月，Kakao 推出 Shopping live； 11 月，推出 Live11	抖音海外版 TikTok 推出直播功能
2021 年	无	1 月，Coupang 推出内置直播窗口	无

中国本土的直播电商起源于 2016 年，并在 2019 年实现了电商市场规模的爆发式增长。根据艾媒咨询（iiMedia Research）提供的数据，在 2019 年，中国直播电商市场规模达到了 4338 亿元，相较于 2018 年增长了 226.2%。到了 2021 年，中国直播电商行业的总规模已经攀升至 12012 亿元，并预计将在 2025 年达到 21373 亿元的规模。

艾媒咨询在 2022 年 6 月发布的《2022—2023 年中国直播电商行业运行大数据分析及趋势研究报告》中指出，到 2022 年，我国的移动电商用户规模有望达到 8.69 亿人，如图 4-2 所示。此外，在 2023 年第二十二届中国互联网大会期间发布的《中国互联网发展报告》显示，目前我国网民规模已超过 10 亿，5G 用户数量也突破了 6.5 亿。随着我国网络架构的不断优化，未来移动电商的用户规模将逐步接近我国网民规模的顶峰。

随着蘑菇街、淘宝等传统电商平台加入直播市场，"直播 + 电商"这一综合性的电商销售模式逐渐兴起。特别是 KOL(key opinion leader，关键意见领袖)、KOC(key opinion consumer，关键意见消费者)以及行业名人、明星等群体的加入，他们本身拥有一定的粉丝基础，且在销售产品时，往往会运用生动的介绍和直观的产品说明，即使隔着手机屏幕，也能为消费者带来个性化的购物体验。天猫官方提供的"双十一"交易数据显示，2020

年双十一成交额高达4982亿元,同比增长85.62%,2021年和2022年的交易规模也均保持稳中向好的态势。"直播+电商"的商业模式不仅是电商行业的商业风口,也成为自媒体行业的商业新机遇。《2022—2023年中国直播电商行业运行大数据分析及趋势研究报告》显示,2021年中国直播电商行业的总规模已达到12012亿元,并预计到2025年这一规模将达到21373亿元,如图4-3所示。

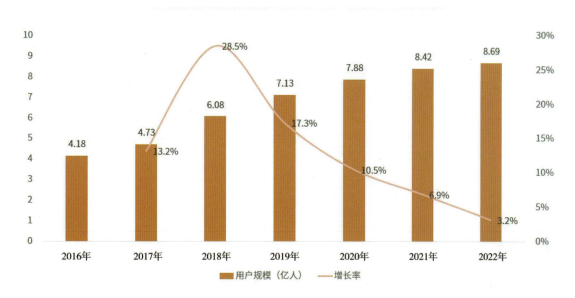

图4-2　2016—2022年中国移动电商用户规模及预测(艾媒数据中心)

(图片来源:艾媒咨询,2022—2023年中国直播电商行业运行大数据分析及趋势研究报告.访问日期:2023-06-03)

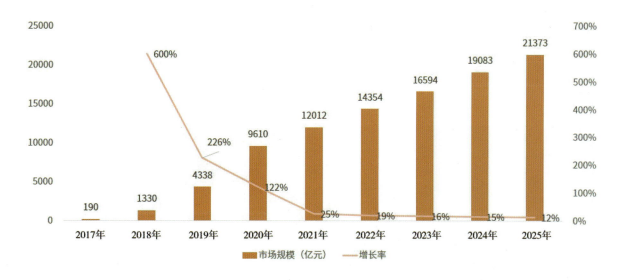

图4-3　2017—2025年中国直播电商规模及预测(艾媒数据中心)

(图片来源:艾媒咨询,2022—2023年中国直播电商行业运行大数据分析及趋势研究报告.访问日期:2023-08-02)

根据直播形式的不同,电商直播可以分为产业带直播、档口直播、档口走播、店铺自播四大类型。

1. 产业带直播

产业带直播是指由当地政府推动,旨在帮助并带动当地农户、商户以及企业实现数字化转型的电商直播模式。通过直播的方式拓宽当地产品的销售渠道,最终达到带动当地经济发展的目的。图 4-4 展示了地方政府联合进行的以地方特色产品为主要销售对象的直播内容。这是由当地领导推动,以销售当地特色商品为主的产业带直播。

图 4-4　产业带直播(来源:网易新闻)

(图片来源:https://mr.baidu.com/r/wVxSqw3PPO?f=cp&u=00658f059906436e 访问日期:2021-12-1)

2. 档口直播

档口直播是由线下自营店铺进行的电商直播活动。主播以个体线下的店铺为场景进行直播,主要通过直播的形式在网络上销售店铺内的在售产品。随着电商直播的发展以及公众购物和消费方式的改变,不少线下的实体店铺会通过这种方式进行线上销售。图 4-5 所示是线下店铺请主播到自家店面内进行直播销售自家商品的场景。

图 4-5　档口直播

(图片来源:https://baijiahao.baidu.com/s?id=1666481874581099039&wfr=spider&for=pc 访问日期:2021-12-1)

3. 档口走播

档口走播简单来说，就是通过直播的方式带着消费者云逛街。主播在商场里一边走一边直播，可以在不同的线下实体商店进行直播。比较有代表性的是韩国东大门服饰批发市场内的档口走播。图4-6所示为主播在商场内的各个店铺内一边挑选产品一边进行直播的场景。档口走播和档口直播的差别在于，档口走播的主播并不会在固定一家店铺内进行直播，销售的商品可能是不同店铺的商品；而档口直播则会固定在一家店铺内进行直播，销售的产品主要是店铺内在售的商品。

图4-6　档口走播

（图片来源：https://www.163.com/dy/article/E53DFIJ0053705CP.html 访问日期：2021-10-31）

4. 店铺自播

店铺自播是线下店铺或网络店铺通过招募主播或培养自己的店员成为主播，进行电商直播的方式。直播的场所主要是直播间，销售的产品是自己店铺内在售的产品。店铺自播不仅仅是为了销售产品，还可以通过主播的介绍和讲解，以及主播和消费者的实时互动，向消费者推广自家产品。很多新晋品牌和知名品牌都会选择这种方式来推广自家产品、增加店铺的活跃度、提升店内商品的销售量。图4-7所示是三家不同的品牌在自己的社交媒体账号内直播销售自家产品的资料。

2022年，我国电商直播行业的发展已趋成熟。为了进一步规范网络直播营利行为，促进网络直播行业健康有序发展，国家互联网信息办公室、国家税务总局、国家市场监督管理总局联合制定了《关于进一步规范网络直播营利行为促进行业健康发展的意见》，旨在保障消费者利益，规范主播直播行为，并维护市场秩序，推动电商直播行业持续有序发展。

电商直播行业已逐渐形成成熟的产业链，涵盖了策划、供货、直播到售后等各个环节，实现了行业的规范化发展。当前，电商直播行业主要由"人""货""场"三部分构成，这三部分涉及直播前期的策划与供货、中期的直播以及后期的产品售后等环节。

图 4-7　网店自播(图片来源：抖音 App)

电商直播中的"人"不仅指主播个人,还包括主播背后的直播团队,如 MCN 团队等。

主播是电商直播中的核心主导者。他们需要在直播间内吸引观众进入,介绍产品的基本信息、特征、功能及使用方法等。主播通过采用分享个人使用体验、进行产品实景试用等销售策略,与粉丝建立信任关系,促成产品销售。随着自媒体、新媒体内容行业与电商直播行业的融合发展,当前电商直播的主播主要分为以下四类：

(1)专业电商主播。他们以电商直播为主要职业,通常没有个人粉丝群体,而是受商家聘用,负责向观众介绍产品,实时回复观众问题。他们能在一定程度上提升产品曝光度,帮助消费者更深入地了解产品功能、特征及销售信息等,从而增加销售量。

(2)网红。网红是因某一事件在网络上受到关注的人,积累了一定的粉丝和社会关注度,其中以 KOL(关键意见领袖)和 KOC(关键意见消费者)为代表。KOL 掌握了更多、更准确的产品信息,在互联网上拥有大量粉丝,被粉丝信任并对粉丝的购买行为有较大影响。KOC 群体数量庞大,拥有一定粉丝,他们既是消费者,也能对个人粉丝和社交群体的消费行为产生影响。

(3)演艺行业从业者,包括演员、歌手、主持人等。他们本身具有一定的社会认知度和粉丝基础,直播时能迅速为品牌和直播平台带来曝光。自 2020 年起,不少电商直播平台邀请演艺行业从业者进行直播销售。

(4)社会知名人士,包括企业家、品牌总裁等在社会上具有一定认知度的人。随着网络发展,不少做出成绩的社会人士也逐渐被大众熟知。他们具有一定的专业知识和社会认知度,能够获得消费者信任。例如,2020年 4 月,中国企业家、演说家罗永浩开启了首场直播带货,当天直播交易总额超过 1.1 亿元,累计观看人数超过 4800 万人。在电商直播发展的初期,需要销售产品的商家、制作产品的厂家以及电商主播,三者之间很难建立直接的联系。简单来说,就是具有带货能力的主播找不到大量的可以进行售卖的产品,并且即使能找到产品,出售的价格也不具优势；而手握大量货源和成本价的厂家和商家联系不到合适的电商主播。因此,不论是商品的选择、物流以及产品的售后等方面都会遇到问题,给主播、品牌以及买家带来不必要的损失,影响消费者的购物体验,也容易让消费者对主播、产品失去耐心和信心。这个时候,主播开始建立自己的直播团队,随着专业化的加深,直播团队规模化,MCN的概念也被引进电商直播行业。MCN(multi-channel network)可以直译为多频道网络,中国的MCN机构起源于美国的YouTube平台的商业模式。这是一种通过和平台以及内容创作者进行合作,提供商业化的服务,获取收入的商业模式。中国的MCN机构在2015年兴起,在2016—2019年之间,MCN的行业市场规模急速扩张。

艾媒咨询2020年9月发布的《2020—2021年中国直播电商行业生态剖析及趋势预判》以及2022年7月发布的《2022—2023年中国MCN行业发展研究报告》显示,2020年中国MCN行业市场规模达到245亿元。2021年,MCN机构数量的增长率保持稳定,至2022年,MCN机构数量已超过40000家,并将在2025年突破60000家。如图4-8所示,随着网红经济、短视频、电商直播等新兴经济的崛起,近年来我国MCN市场规模持续扩大。到2022年,MCN市场规模已达到432亿元,预计2025年将进一步增长至743亿元。

图4-8　2015—2025年中国MCN市场规模及预测(艾媒数据中心)

(图片来源:艾媒咨询,2022—2023年中国MCN行业发展研究报告. 访问日期:2023-08-02)

MCN机构通过自媒体内容获利,其盈利方式主要分为两大方面。一是面向消费者的盈利,主要通过与网红、主播等内容创作者的商业合作、广告营销、流量分成以及平台补贴等方式获得收益。二是面向商家的盈利,主要包括直播打赏、知识付费、电商佣金等收益方式。艾媒咨询发布的《2020—2021年中国直播电商行业生态剖析及趋势预判》显示,2019年,广告营销和电商已成为中国MCN机构主要的商业变现形式。图4-9展示了2019年中国MCN机构的变现模式分布。

当前,中国的MCN机构根据主要提供的服务类型可以分为两大种类:电商型MCN和泛内容MCN。电商型MCN机构通过与网红(包括KOL、KOC等在内的网络红人)、电商平台以及内容电商进行合作等方式获得佣金收益。泛内容MCN则通过IP布局、内容生产等方式获取佣金收入。如表4-3所示,笔者整理了当前中国主要的两大类型MCN机构。

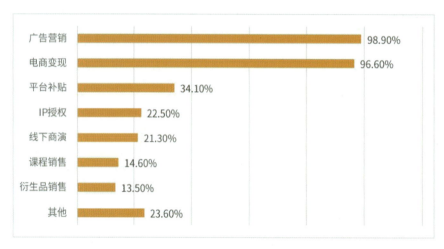

图 4-9 2019 年中国 MCN 机构变现模式分布（艾媒数据中心）

（图片来源：艾媒咨询，2020—2021 年中国直播电商行业生态剖析及趋势预判．访问日期：2023-06-05）

表 4-3 中国 MCN 机构的服务分类

MCN 机构类型	服务类型	服务内容
电商型 MCN	电商直播	负责帮助主播对接直播产品，保证货源，提供物流和售后服务。策划直播活动，保证直播的顺利进行
	内容运营	策划包含图片、短视频、长视频等在内的内容，并在各类自媒体平台进行发布，为主播积累流量和粉丝群体。为后期电商直播积累一定的粉丝量，并通过电商直播获得分成
	社交账号运营	管理粉丝，回复粉丝留言。分析粉丝的需求，发布创作内容
泛内容 MCN	IP 布局	帮助 KOL 和 KOC 建立个人 IP 和品牌
	内容生产	为平台的创作者提供内容创作的脚本、摄像、后期编辑等资源，保障创作者能够持续进行优质内容的输出
	社交账号运营	运营管理相关账号，保证账号可以持续保持热度和流量
	营销服务	整合品牌资源，根据需要投放的商业内容进行内容创作、发布、运营以及推广宣传
	商业合作	整合商业资源，推进旗下自媒体创作者的商业活动，增加其商业能力

对于电商直播的内容和形式而言，MCN 机构能够为主播提供更有趣的直播形式、更值得信任的销售产品。直播自身的带货能力以及 MCN 机构的商业布局，能够提升电商直播的盈利转化率。电商直播已成为 MCN 机构重要的发展方向。在电商直播的内容和形式方面，MCN 机构展现出更强、更广泛的变现能力。直播带货促使 MCN 机构加大对电商布局的投入，因此，电商直播将成为 MCN 机构发展的重要方向。根据艾媒咨询的数据，主播、自媒体网红以及明星的带货转化率高达 80% 以上。

MCN 机构进入新媒体内容行业以来，不仅规范了新媒体内容行业和电商直播行业的发展路径，还促进了新媒体内容行业向多样化、垂直化、专业化的方向迈进。特别是对于电商直播的行业链条而言，MCN 机构的加入整合了电商资源，搭建了主播与商家之间的桥梁，使得行业日益规范化，同时也提升了消费者的满意度，有力地推动了电商直播行业的蓬勃发展。

"货"指的是直播过程中销售的产品。一般而言,电商直播销售的"货"由品牌方、厂家或供货方直接提供,并配套提供配送、售后等服务。MCN 机构则负责为直播筛选并安排各种产品,同时根据产品特性策划直播的形式和内容。

"场"则是指进行直播销售产品的平台。目前,能够开展直播销售的平台涵盖了电商平台、直播平台、短视频平台和社交媒体平台等。随着电商直播和自媒体行业的融合发展,电商平台逐渐内容化,而自媒体平台则开始电商化。为了提升平台产品的浏览量,传统电商平台在平台内部增加了分享内容的功能,让消费者能够在平台内共享消费经验。如图 4-10 所示,传统电商平台淘宝在其 App 内开设了社交媒体社区——逛逛,在社区内,用户可以分享自己的购物体验,发布短视频内容,也可以浏览其他用户分享的购物经历,从而选择心仪的商品进行购买。

图 4-10　淘宝逛逛社区的图文和短视频内容

(图片来源:点淘 App)

自媒体平台的电商化趋势,是在短视频平台兴起之后逐渐显现的。短视频在极短时间内为平台带来了庞大的流量,从而推动了内容平台向电商化的方向发展。以此为契机,以短视频平台、社交媒体平台等为代表的自媒体平台,纷纷开通了电商功能和直播功能。它们利用内容作为桥梁,吸引更多消费者在平台内部进行消费,实现了平台内容和流量的商业化变现。如图 4-11 所示,抖音和小红书都是具有代表性的电商化自媒体平台。

图 4-11 电商直播

（图片来源：抖音 App、小红书 App）

如图 4-12 所示，当前，我国提供电商直播功能的平台主要可以分为下列几个类别：传统电商平台 + 直播、内容社区平台 + 电商、新兴直播电商平台等。

图 4-12 我国电商直播平台分类（艾媒数据中心）

（图片来源：艾媒咨询，2020—2021 年中国直播电商行业生态剖析及趋势预判．访问日期：2021-10-11）

4.1.2 电商直播视觉场景化趋势

"场景"一词原本指的是戏剧或电影中的场面。"场"在戏剧或电影中代表较小的社会学段落，可以理解为故事中的一个具体片段，具有时间属性的概念。"景"则指景物，拥有空间属性的概念。最早从学术层面提出场景理论的是加拿大的戈夫曼，他在其著作《日常生活中的自我呈现》中提出了"拟剧理论"。在"拟剧理论"中，

"场景"的构成基于人与人面对面的交往,这种交往受到物理空间和时间的限制。当人与人进行面对面交往时,人和其周边的环境共同构成了场景。在戏剧中,场景是戏剧故事的一个片段,如图4-13所示的是戏剧《蝴蝶夫人》中的一个场景,从场景中我们可以看到故事片段发生的环境以及人物。

图4-13 戏剧《蝴蝶夫人》中的一个场景

(图片来源:https://www.douban.com/group/topic/113811042/?_i=1740878X7d3--d 访问日期:2021-10-09)

广义上的"场景"指的是在特定环境下发生的人类行为,包含时间、地点、人物、事件关系及目的等要素。在营销学中,场景营销是提前构建消费者可能产生消费行为的场景,以丰富消费者体验,进而刺激其进行消费。而在互联网世界,"场景"更注重用户体验,是围绕用户使用情况和消费习惯展开的一种思维方式。"场景化"已成为互联网服务时代的一个新突破口。

在传播领域,场景指的是信息传播和交流活动发生的具体环境或情境。最早将"场景"一词引入传播领域的是媒介环境学派的代表人物约书亚·梅罗维茨。他在自己的著作《消失的地域:电子媒介对社会行为的影响》中,结合社会学家戈夫曼的场景主义和麦克卢汉的媒介理论,提出了传播学理论中"场景"的意义。梅罗维茨认为,传播意义的场景不仅包含物理意义上的时间和空间,还涉及人接收到信息时进行的个人活动及产生的个人情感。

大数据、移动终端、社交媒体、传感器、定位系统等技术的发展和应用,使得基于互联网世界的消费行为不再受空间和时间的限制。是否"在场"已不再是进行消费活动的必要条件。

全景技术虽然并非新兴技术,但早期更多被应用于研究层面。随着商用360度全景相机、VR眼镜等全景设备的普及,全景技术开始进入公众视野,并成为日常消费的文娱活动。以移动终端为主要传播载体的自媒体内容,具有传播范围广、速度快的特点。在自媒体内容的发展进程中,从文字到图片,再到视频和直播,越来越多的数字技术伴随着自媒体的发展而被更多人了解和熟悉。特别是在各类智能化、一键式的视听内容创作平台普及后,自媒体内容的创作成本和门槛在一定程度上得到了降低,任何人都可以创作并分享自己的自媒体内容。

在体验经济盛行的时代,场景化的设计思维赋予了虚拟的互联网以生活感、真实感、临场感及沉浸感。因此,"场景"已成为互联网提供信息和服务的重要新切入点。尤其对于新媒体而言,信息的传达主要依赖于屏幕,信息反馈存在一定的延迟性。同时,鉴于移动媒体消费者的年龄、地区、行业、性别等存在显著差异,新媒体内容若要满足不同群体的消费需求,就必须构建个性化的信息推荐机制以及实现正向的情感传输。其中,"沉浸感"被视为一种理想的心理状态。因此,基于互联网的服务内容不仅应以消费者为中心,按照消费者(who)在何时(when)、何地(where)、想做何事(for what)以及将采取何种方式(in which channel)的思路来建立个性化的服务机制,还需要深入挖掘人的"五感"对于互联网服务或内容的刺激反应。"内容+体验+场景"已成为包括自媒体在内的互联网新媒体内容和服务的重要发展方向。

如今,电商直播的"场景化"已成为一种不可忽视的趋势。这里的"场景化"不仅涵盖了销售场景化,还深入了视觉场景化的层面。当前,直播电商的场景化可以划分为两个方面:一是场景化的销售,即主播在销售产品时,通过构建具体的使用场景来推销产品;二是直播环境的多场景化,即主播根据销售的产品或直播主题来布置直播间环境,以增强消费者的代入感,从而激发其购物欲望。

回顾电商直播的初期,主播进行直播的场所相对随意,可能是自己的居室、简陋的直播间等。只要环境设备允许,主播就可以随时开展直播活动。图 4-14 展示了中国电商直播发展初期主播的直播环境,环境简陋,主播往往独自一人完成整个直播过程。

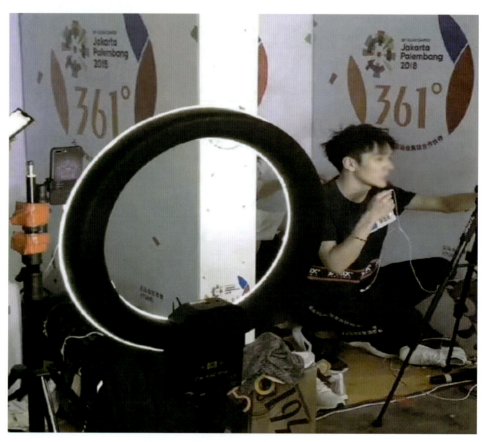

图 4-14　电商直播发展初期主播直播环境

(图片来源:https://weibo.com/2458565150/4485536842341418 访问时间:2022-02-01)

随着电商直播的专业化发展,以及 MCN 机构的积极参与,主播的直播环境得到了显著提升。这种提升不仅体现在直播间环境和直播设备的升级上,更体现在直播间环境的多样化以及视觉信息的丰富性。如图 4-15

所示,现阶段电商直播间常见的两种环境类型分别是采用了数字化布景或根据特定使用场景精心装饰的布景直播间以及在真实的卖场或商场内进行直播的实景直播间。

图 4-15　电商直播布景直播间

(图片来源:点淘 App、抖音 App)

1. 布景直播间

布景直播间是当前常见的直播间类型,尤其是数字化的直播布景,其使用率相当高。主播在直播过程中,会结合绿幕技术和数字技术,将直播背景替换为自己心仪的布景内容。绿幕技术和数字技术在直播以及其他众多领域的应用已经相当成熟,数字布景的样式和信息内容也能够根据需求随时进行更换。因此,数字化布景成为电商直播中常用的直播间布景方式。

数字化的布景可以展示直播当日的商品活动信息,如图 4-16 所示,该直播间的布景就旨在强调当日的活动机制,并突出展示了商品的优惠活动。此外,还可以根据节日、纪念日等特殊日子来设定直播主题,并制作相应的直播间布景。例如,如图 4-17 所示,该直播间以中秋节为主题,制作了数字化的直播间布景。中秋节是我国历史悠久的传统节日,主播特意选择了古风服饰,使得观众在观看直播时有更加强烈的代入感和沉浸感。

随着技术的不断进步,一些有实力的主播也会偶尔采用全景、AR 等数字技术,将自己的直播间打造得更具科技感和趣味性。尽管这些技术同样结合了绿幕技术和数字技术,但整体而言,其造价相对较高。因此,主播们通常会在一些特别的活动时间选用这类直播场景进行直播,以此营造一种隆重感,并给消费者带来全新的视觉体验。如图 4-18 所示,该电商直播间就运用了绿幕技术、虚拟现实(VR)以及增强现实(AR)技术,制作出了虚拟化的全景直播布景。

图 4-16　信息式数字化布景

（图片来源：抖音 App）

图 4-17　主题式数字化布景

（图片来源：抖音 App）

图 4-18　虚拟化全景直播布景

（图片来源：点淘 App）

将直播间装饰成使用场景的布景方式在电商直播中颇为常见。直播间内的布景是根据销售产品或服务的使用场景或消费场景来精心布置的,不使用虚拟图像或影像,而是借助一些常见的家具、装饰品等来营造真实的室内环境。对于电商直播而言,主播在销售产品时,仅仅口头介绍产品或服务的特性和功能是不够的,更重要的是为消费者构建一个具体的使用场景,帮助他们更好地理解产品或服务的功能。在视觉上还原使用场景,能够增强消费者的代入感和临场感,使他们产生沉浸感。这有助于消费者更好地认识在售商品或服务的实用性,进而在一定程度上提升他们对商品或服务的潜在需求度,最终刺激购买行为。

如图 4-19 所示,主播在进行销售各类美食的直播时,利用桌子、椅子、柜子等家具,将直播间布置成一家小饭店的场景。消费者看到主播们围坐在小饭店里试吃各类美食,能够激发他们的代入感。主播们吃得越香,消费者就越对这些美食感兴趣,甚至会沉浸其中,从而实现刺激消费者购物行为的直播目的。

再如图 4-20 所示,主播销售的是一款沙发。主播将直播间布置成家居客厅的环境,还有宠物趴在主播身边。这样的直播间布景,一方面,直观地展示了沙发的长度、颜色以及放置在客厅时的效果等商品信息;另一方面,直播间内温馨、轻松的客厅环境会让消费者产生一种向往的感觉,他们会希望自己的客厅也能变得如此舒适,从而激发其潜在的消费行为。

图 4-19 "美食节"直播间布景

(图片来源:点淘 App)

图 4-20 "家居节"直播间布景

(图片来源:小红书 App)

2. 实景直播间

2020 年以来,公众逐渐适应了非面对面的购物和消费方式。与此同时,电商直播迎来了飞速发展,一些线下店铺也开始采用直播的方式向消费者推销自己的商品,纷纷尝试在自己的店铺内进行直播,以期提升销售业绩。有新闻报道显示,某韩国服饰品牌通过店内直播的方式,累计交易额超过了 2 亿元。该品牌的负责人也认为,电商直播的方式提高了新用户对品牌的满意度和购买转化率。

据报道,2020 年初以来的很长一段时间,韩国免税店行业的线下销售额同比减少了 90%,同时有多个机场免税店被迫关闭。为了销售店内积压的免税产品,电商平台开始与免税店合作。海外的一些品牌店铺也通过直播的方式向海外消费者销售自家商品。得益于电商直播，不少韩国品牌的销售额实现了高达 200% 的增长率。电商直播使得产品的销售额实现了大幅增长，这也在一定程度上说明，电商直播对于店铺的销售额增长起到了积极的促进作用。

2020 年以来，众多商家通过 SNS 平台、电商平台等开展电商直播活动，拓宽了店内产品的销售渠道。海外的免税店和海外代购也成了实景电商直播的主要阵地。

图 4-21 展现的是在韩国东大门某服装店进行的电商直播场景。实景直播已成为众多海淘人士购买海外商品的一种新方式。相较于在专门直播间进行的海淘直播，实景直播直接在商品销售地进行，通过直播不仅能展示产品的款式、设计细节，还能展示穿搭效果。与此同时，实时的实地直播让消费者能够通过主播与店员进行沟通，仿佛让消费者有一种身临其境、和主播一同"云逛街"的临场感和沉浸感。

图 4-22 展现的是主播在水果种植基地以直播方式销售成熟水果的场景。挂在树上的水果总能给人一种新鲜欲滴的感觉。在水果种植基地进行实景直播，一方面，能让消费者感受到水果从产地直达消费者的新鲜度；另一方面，由于减少了中间环节，水果不仅更加新鲜，价格也更加实惠。

图 4-21　韩国东大门服装店实景直播

（图片来源：点淘 App）

图 4-22　水果基地实景直播

（图片来源：小红书 App）

相较于传统直播间内的直播方式，实景直播不仅能让消费者更加直观地感受到现场的氛围和情境，还极大地增强了观众的临场感和沉浸感。经常变换的直播地点和场景也能为消费者带来持续的新鲜感，进而提升了直播的趣味性和吸引力。在实景直播的过程中，以消费者为主体，通过主播的连接，形成了消费者-主播、主播-品牌方（或销售人员）、消费者-品牌方（或销售人员）、消费者-消费者这四条互动链条。而在传统直播间内，由于在售商品的品牌方工作人员不常出现在直播间，消费者较难与品牌方（或销售人员）建立直接的互动。

然而，传统直播间内的直播效果通常更加稳定。主播可以更加详尽地介绍产品，此时的互动链以主播-消费者为主。这样，主播就能更加专注于实时回答消费者提出的问题，给予他们更及时、更细致的解答。

4.2 视觉沉浸式电商直播的技术探索

视觉沉浸式的电商直播内容是顺应电商直播视觉场景化发展趋势的产物,它运用数字技术,为消费者营造出逼真的视觉体验;通过丰富的视觉元素,吸引消费者全神贯注地投入当前的电商直播内容,使他们产生身临其境的临场感和体验感,从而更愿意深入参与,享受更深层次的沉浸感。这种沉浸式的直播体验还能有效提升直播过程中相关产品、信息的传播效率,并增强内容的影响力和认知度。

当前,公众所熟知的数字技术,如图像、音频、视频等,主要依赖视觉和听觉向用户传递内容和信息。然而,这些内容的展示往往局限于固定的媒介或平台,导致用户参与度较低,且体验过程中的感官体验相对有限。

相比之下,沉浸式数字技术整合了全景技术、虚拟现实技术、增强现实技术、投影映射技术等多种数字技术,模拟真实的多感官刺激,营造出令人身临其境的体验环境。这种技术让用户在虚拟的世界中获得逼真的、深刻的体验,并强调用户在体验过程中的参与度、互动性和体验感。

沉浸式数字技术以360度全景技术和虚拟现实技术为典型代表,还包括增强现实技术等前沿技术。通过应用这些技术,可以创造出一个虚拟世界,或是将虚拟元素与现实世界相结合,营造出一个交汇的空间。用户身处其中,往往会混淆真实世界与虚拟世界的边界,沉浸其中,仿佛亲身经历。

4.2.1 全景技术

全景技术是一种能够捕捉和展示全方位环境信息的技术,它通过广角视角捕捉所处空间的环境信息,并经过信息处理,形成360度全视角图像,使观众在视觉上感受到完整的环境。其中,360度全景技术是全景技术的一种表现形式,而虚拟现实技术则是数字技术与全景技术融合创新的产物,它通过数字技术模拟出数字化的全视角环境,让用户仿佛置身其中。

1. 360度全景技术

"全景"(panorama)一词最早由英国画家罗伯特·巴克(Robert Barker)在18世纪末创造。他最初用"全景"来描述自己创造的一种观景方式,即将作品展示在一个巨大的圆柱形内部,让观众站在一个固定位置就能看到真实景观的长度、高度以及深度空间。这个词语源于希腊语,"pan"意为"全都"(all),"horama"意为"景观"(view),合在一起表达了"全部都能看见"的含义。因此,全景通常被认为是延伸视角,尽可能地展示视角空间。广义上的全景图被定义为视觉范围超过人眼正常视野的图像。

罗伯特·巴克提出的"全景"并非人类历史上首次出现"全景"的概念。实际上,人类对"全景"概念的畅想早于全景技术的出现。古代的绘画、壁画等艺术形式中,都能看到古人对"全景"概念的探索。例如,中国宋代的张择端通过鸟瞰的方式绘制的《清明上河图》,就是一幅经典的全景画。如图4-23所示,这幅画以长卷的形式呈现,由于画卷长度较长,被分为四联进行展示。罗伯特·巴克提出"全景"的概念后,360度环绕、首尾相连的画作在欧洲开始流行起来。此时的"全景图"主要展示的是自然风光和城市景观。

360度全景技术是一种利用广角视角捕捉空间环境的影像技术,它能够为用户提供水平360度、垂直约80度的全视角3D立体画面。该技术通过真实的照片创造出三维立体的视觉效果,类似于虚拟现实技术的体验,但实际上是一种非虚构的纯实拍全景图像技术。360度全景技术具有全方位、真实性和360度环视三个显著特点:①全方位:该技术能够全方位复原场景内的信息,消费者通过鼠标点击或全景设备即可全方位观看媒体中展示的场景。②真实性:360度全景媒体是基于真实场景创作的,通过该技术可以最大限度地保留场景内的真实信息。③360度环视:该技术能将二维媒体内容转换成三维媒体内容,为消费者提供360度环视场景的功能。

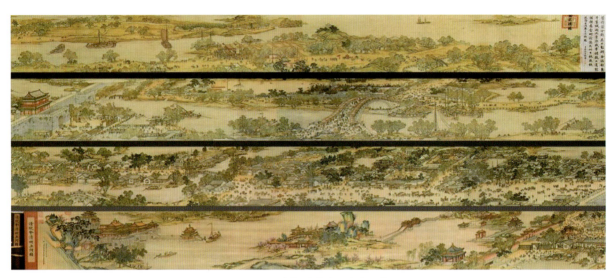

图 4-23　张择端《清明上河图》

(图片来源:https://www.duitang.com/blog/?id=287755922 访问日期:2023-07-26)

人类对全景拍摄的探索可以追溯到1843年,当时一个名叫威廉·亨利·福克斯·塔尔博特的英国人使用碘化银纸照相法制作了圆筒形纸制负片,从而制作出了全景相片。同年,奥地利的约瑟夫·普赫贝尔格(Joseph Puchberger)发明了第一台手摇曲柄驱动的摆动镜头全景相机,并获得了专利,如图4-24所示。然而,这台相机只能拍摄150度的视野,而非完整的360度视野。随后,在1844年,弗里德里希·冯·马滕斯(Friedrich Von Martens)在德国组装了一台拍摄质量更佳的Megaskop摇头式全景相机,如图4-25所示。Megaskop同样使用手柄和固定齿轮来操作镜头,移动速度更加平稳,镜头可以旋转110度至360度。因此,也有很多人认为弗里德里希·冯·马滕斯的Megaskop全景相机是历史上第一台真正意义上的全景相机。

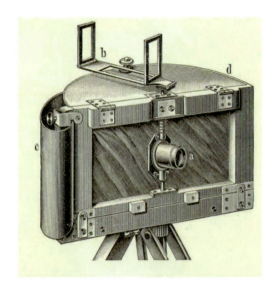

图 4-24　第一台摆动镜头全景相机

(图片来源:https://www.dandelions.cloud/news/what-you-could-fit-in-the-gyrochute-360-camera/ 访问日期:2022-01-03)

图 4-25　摇头式全景相机 Megaskop

(图片来源:https://www.sutori.com/en/item/1844-the-megaskop-camera-was-invented-by-friedrich-von-martens-and-was-the-first 访问日期:2022-01-06)

图 4-26 所示是摄影师 Martin Behrmanx 于 1851 年在 Rincon Hill 拍摄的旧金山全景图，名为《San Francisco from Rincon Hill》。据说，这张全景图最初由十一张底片拼接而成，但遗憾的是，最初的银版照片已经遗失，无法再找到。

图 4-26　旧金山全景图(《San Francisco from Rincon Hill》)

(图片来源：https://www.facebook.com/bluedogphotography/photos/friday-fast-photo-fact-austrias-joseph-puchberger-was-the-person-to-hold-the-fir/10158809602849572/?paipv=0&eav=Afagfvu9XN6_kUuG37M1rlAw7AzXf7QqOtmAPikaSx7GALDW4mCnhNP6pcCoafG54DI&_rdr 访问日期：2022-01-06)

1857 年，英国的 M. Garrella 获得了一种能够绕自身轴旋转的相机的专利。这是第一台通过风扇控制的发条机构来捕捉 360 度全景的相机。到了 1904 年，Rochester Panoramic Camera Co. 工厂开发出了 Cirkut 相机，这款相机在当时深受专业人士的喜爱。如图 4-27 所示，照片展现的是 1910 年前后，一位全景摄影师携带着 Cirkut 相机进行拍摄的场景。

到了 20 世纪 50 年代，35 毫米胶片成为业余摄影的标准。1958 年，日本推出的 Panorax Zi-A 相机是第一台使用 35 毫米胶片拍摄 360 度全景的相机，如图 4-28 所示。

图 4-27　全景摄影师和他的 Cirkut

(图片来源：https://microsites.lomography.com/spinner-360/history/ 访问日期：2022-01-12)

图 4-28　日本 Panorax Zi-A 全景相机

(图片来源：https://www.dandelions.cloud/news/what-you-could-fit-in-the-gyrochute-360-camera/ 访问日期：2022-01-03)

2013 年，日本理光公司推出了世界上第一款商用球形全景相机——Theta，使得更多消费者能够拍摄全景照片。如图 4-29 所示，Theta 相机仅重 95 克，其两侧各配备了一个超广角镜头，能够拍摄整个场景的球形照片，这包括相机周围 360 度的弧形视野，以及从地板到天花板(或地面到天空)之间的所有图像信息。图 4-30 是使用 Theta 相机拍摄的全景照片示例。

图 4-29　商用球形全景相机 Theta

（图片来源：https://www.dandelions.cloud/news/what-you-could-fit-in-the-gyrochute-360-camera/ 访问日期：2022-01-03）

图 4-30　Theta 拍摄的全景照片

（图片来源：https://theta360.com/cn/ 访问日期：2022-01-05）

如表 4-4 所示，笔者根据 360 度全景相机的发展历史及其样式的不同，将 360 度全景相机分为三类：摇头型全景相机、照相机旋转 / 胶卷自动输片型全景相机，以及超宽角度型全景相机。

表 4-4　360 度全景相机分类

摇头型全景相机	
以镜头中心为轴水平转动，利用后部开缝对弯曲的胶卷等感光材料曝光	 例：1952 年巴诺照相机 （图片来源：https://fotomen.cn/2009/02/01/kuan/3/ 访问日期：2022-01-05）
照相机旋转/胶卷自动输片型全景相机	
照相机本身 360 度旋转，胶卷自动同步输片曝光	 例：埃鲁内曼·伦多布里库全景照相机 （图片来源：https://fotomen.cn/2009/02/01/kuan/3/ 访问日期：2022-01-05）
超宽角度型全景相机	
胶卷等感光材料既可以是弯曲的，也可以是平直的	 例：贝尔·斯特列特·瓦新库超宽角度全景照相机 （图片来源：https://fotomen.cn/2009/02/01/kuan/3/ 访问日期：2022-01-05）

目前，360 度全景相机的工作原理已经从单一镜头旋转拍摄发展到多镜头同时拍摄，并能实现智能拼接成像。只需一部智能化的全景相机，人们就能拍摄出质量更高、更具真实感的全景照片和全景视频。市面上已经涌现出众多便携式的 360 度全景相机，其中包括理光 Theta 系列、GoPro Max、Insta360 全景系列、Kandao QooCam 系列等。如表 4-5 所示，笔者整理了部分售价在千元左右的便携式 360 度全景相机信息。

表 4–5　市场上部分便携式 360 度全景相机（笔者整理）

产品名称	样式	适应系统	价格/元	重量/g	分辨率/PPI
Insta360 Air		Android/电脑	788	26.5	图片：3008×1504（3K） 视频：2560×1280（3K） （部分机型支持3008×1504）
QooCam Fun		Android	998	66.9	照片：3840×1920 视频（30fps）：3840×1920
Insta360 Nano S		iOS	1288	70	照片：6272×3136 视频（30fps）：3840×1920
Detu Twin		iOS/Android	1488	98	照片： 3040×1520 2048×1024 视频（30fps）： 3040×1520 2048×1024
Theta S		iOS/Android	2049	125	照片： 5376×2688 2048×1024 视频（30fps）： 1920×1080 1280×720 720×480

续表

产品名称	样式	适应系统	价格/元	重量/g	分辨率/PPI
GoPro Max		iOS/Android	3998	154	全景照片：16.6MP（球状） 全景视频：5.6K30（球状）

智能化、便捷化的360度全景相机不仅让更多普通消费者能够自行制作全景内容，而且其独特的成像与观像方式——如图4-31和图4-32所示的小行星视角和立体全景视角（这两种视角在常用的全景相机中颇为常见）——也为自媒体创作者带来了新的创作灵感。目前，360度全景相机已被广泛应用于视频内容制作和直播领域。

图4-31　全景相机小行星视角下的画面

（图片来源：Instagram App）

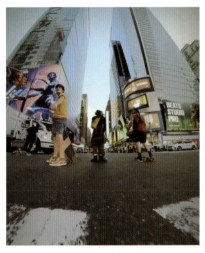

图4-32　全景相机立体全景视角

（图片来源：Instagram App）

2. 虚拟现实技术

虚拟现实技术融合了计算机、电子信息与仿真技术，其基本实现方式是通过计算机模拟虚拟环境，为用户带来沉浸式的体验。1965年，计算机图形学专家伊凡·苏泽兰(Ivan Sutherland)在IFIP会议上发布的"终极显示"(the ultimate display)报告中如此描述："如果有一台连接到数字计算机的显示器，并配以合适的编程，那么爱丽丝掉入的仙境就能真实地呈现在我们眼前。这台显示器将成为我们窥探数字仙境的窗口。"同时，他在文中对"终极显示"给出了自己的定义："终极显示将是一个房间，一个由电脑控制其内部物品存在与否的房间。"伊凡·苏泽兰提出的"终极显示"概念成为虚拟现实技术的核心思想。

在虚拟现实技术发展的早期，人类一直在模仿自然生物。在古代，人们渴望像鸟类一样翱翔天际，于是中国人模拟鸟类的飞行设计了风筝，西方人则发明了飞机，使人类借助工具实现了飞翔的梦想。到了1929年，发明家Link E.A.发明了模拟飞行器，让操作者能够体验到飞行的感觉。1956年，电影摄影师Morton Heileg开发了具有三维显示和立体声效果的摩托车仿真器Sensorama。1967年，他进一步构建了一个多感知仿真的虚拟现实系统——"Sensorama Simulator"专利系统,这可以被认为是历史上第一套VR系统。1968年,计算机图形学之父Ivan Sutherland和学生Bob Sproull共同发明了头戴式VR设备,这是虚拟现实技术发展史上的一个重要里程碑。然而,这套VR设备过于沉重,需要从天花板上悬挂以分担重量。20世纪80年代,Eric Howlett发明了大视野额外视角系统,能将静态图片转化为3D图片。1985年,美国国家航空航天局推出了VIVEDVR,这是一种更为真实的飞行模拟器。1988年,VPL公司研发出了市场上第一款民用VR产品——EyePhone。次年,VPL提出了"virtual reality"这一术语并得到了广泛认可。随着虚拟现实技术的不断成熟,该技术逐渐被应用于科研、航空、医学、军事等多个领域。

总的来说,虚拟现实技术的演变和发展大致可以分为四个阶段:第一阶段为1963年以前,主要是模仿自然生物的过程;第二阶段为1963—1972年,是虚拟现实技术的萌芽阶段;第三阶段为1973—1989年,是虚拟现实技术概念和理论的初步形成阶段;第四阶段为1990年至今,是虚拟现实技术理论的完善和应用推广阶段。

VR头显是体验虚拟现实技术的头戴式显示设备,它能将人们带入一个对外界视觉和听觉信息封闭的虚拟环境中。该设备通过左右眼屏幕分别显示左右眼图像的原理,在人的大脑中营造出立体感。较常见的家用VR头显有三种:外接式头显、一体式头显以及手机盒子头显。外接式头显的体验效果最佳,搭配高性能电脑主机,可以体验交互性更高、更流畅的VR游戏。一体式头显则无需输入输出设备,携带更为便捷,但流畅度和体验度相对一般,不过由于成本低廉,受到了个人及家庭市场的欢迎。手机盒子头显则是初级的VR入门体验产品,价格低廉且使用方便,但体验效果一般。当前,VR头显的发展方向大致包括以下几点:①逐步降低用户体力的消耗;②逐步提高操作的准确性与自由度;③逐步提升软件中辅助AI操作的智能程度;④逐渐降低头显价格。

VR游戏是使用虚拟现实技术开发的游戏。玩家佩戴头戴式显示设备即可进入一个可交互的虚拟空间。头显设备能够隔绝真实世界的场景信息,使玩家专注于虚拟场景。虚拟现实游戏的游戏空间是以真实世界为参照,利用电脑技术创作出来的虚拟世界。虽然与真实世界不同,但仿真技术和交互技术,能够丰富玩家的体验感受。在游戏中,玩家可以在场景中自由行动,与虚拟场景中的事物互动,作为游戏主角参与关卡挑战,与其他游戏角色进行战斗。这种体验让玩家仿佛置身于游戏场景中,从视觉、听觉、触觉等多感官角度,使玩家脱离真实世界,在虚构的世界中感受到临场感和沉浸感。

3. 360度全景技术和虚拟现实技术的差异性

全景技术是一种以图像技术为基础,通过全方位、全景式的方式捕捉并呈现环境信息的技术。全景技术涵盖了360度全景技术和虚拟现实技术,其中360度全景技术是虚拟现实技术的一个分支,两者在制作方式、视角选择以及空间认知等方面存在差异。

全景技术的实现方法主要分为两种:一种是基于特殊摄像设备和拍摄技巧,捕捉真实场景中的环境信息,通过后期合成制作出非虚拟的全景数字内容,这种方法被称为360度全景技术;另一种是结合三维建模技术和虚拟现实技术,制作出数字化的虚拟全景环境,即虚拟现实全景技术。

虚拟现实技术呈现的画面是通过计算机模拟制作出来的。观看者可以在虚拟空间内任意移动位置,身体的移动和转动会影响所视画面,从而改变观看的视角和可视空间。而360度全景技术呈现的画面大多是在真实场景拍摄下来的,观看者只能在固定的位置观看画面,身体的移动和转动不会影响画面内容,也不会改变观看的视角和可视空间。

不仅如此,虚拟现实环境能够极大地还原观看者在自然环境中感受到的空间感,使观看者能够自由地在空间内移动。而360度全景技术则是通过技术手段将二维影像转化为三维影像,虽然能产生立体的视觉效果,但观看者不能在空间内进行自由移动。因此,观看者能否自主地在环境内进行移动,成为虚拟现实技术和360度全景技术最本质的区别。

4.2.2 增强现实技术

增强现实(augmented reality, AR)技术是一种将虚拟信息与真实场景相融合的数字技术。它通过摄像头或传感器捕捉真实场景,并经计算机处理,将虚拟元素和场景叠加到真实环境中,从而模糊真实世界与虚拟世界的界限,营造出沉浸式的体验。更重要的是,增强现实技术能对人的视觉、听觉、嗅觉、触觉等感官进行模拟后再输出。

交互性和实时性是增强现实技术的两大主要特征。它允许消费者实时地与虚拟元素进行互动,通过触摸、手势、点击或改变声音大小等方式改变场景状态,实现即时的交互效果。

增强现实技术最早起源于计算机科学和虚拟现实技术的研究领域,原本是虚拟现实技术研究的一部分。直到 20 世纪 90 年代初期,"augmented reality"这一词汇才首次出现。渐渐地,增强现实技术开始独立于虚拟现实技术,成为一个新的研究领域。21 世纪初,一些公司开始推出增强现实应用,如虚拟化妆、实时导航等。随后,智能手机的兴起为增强现实技术的应用提供了更广阔的开发平台。特别是移动设备的摄像头和传感器能够捕捉场景信息,并将虚拟元素叠加在屏幕上。例如,图 4-33 所示为任天堂、宝可梦公司和 Niantic Labs 联合开发的增强现实(AR)宠物养成对战类 RPG 手游《宝可梦 GO》,玩家可通过手机摄像头捕捉实景信息,将计算机制作的精灵宝可梦叠加到场景中。玩家通过移动手机摄像头的位置或触碰手机屏幕,与虚拟元素进行互动和操作。

当前,随着硬件技术和计算机性能的提升,增强现实技术的应用愈发成熟。AR 眼镜、AR 头盔等智能化、便携式的 AR 设备应运而生。增强现实技术已被广泛应用于教育、医疗、娱乐、广告、销售等多个领域。如图 4-34 所示为商场的 AR 换装体验系统。客人站在机器前,机器上的摄像头捕捉客人的位置及身体信息,根据客人想要试穿的衣服或尝试的风格,将虚拟衣物叠加在客人身上,为客人提供智能化、便捷化、个性化的试衣体验。

图 4-33 宠物养成对战类 RPG 手游《宝可梦 GO》

(图片来源:https://news.tongbu.com/94426.html?c=17164 访问日期:2023-07-30)

图 4-34　商场的 AR 换装体验系统

（图片来源：https://news.tongbu.com/94426.html?c=17164 访问日期：2023-07-30）

4.2.3　光雕投影技术

光雕投影(projection mapping)技术常被应用于虚实混合场景的创作中。虚实混合场景是通过电脑技术，将虚拟信息融入真实世界，使真实场景与虚构场景在同一画面或同一空间内叠加呈现。

光雕投影技术本身是一种利用投影仪在真实物体表面投射虚拟影像的投影技术。它能够将虚拟影像投射到真实物体上，创造出虚实结合的视觉效果。这项技术常被应用于大型建筑外墙，通过增强建筑的视觉空间感，并搭配音乐效果，使观众沉浸于眼前的场景。

有记录的最早的光雕投影实例发生在 1969 年的迪士尼乐园，当时将拍摄好的人物头部影像投射在脸部半身雕塑上，模拟鬼魂出现的场景。1999 年，John Underkoffler 预言，未来带摄像头的投影仪会像灯泡一样普及。而他本人正是交互式光雕投影技术的先驱。

近年来，沉浸式的艺术展览打破了传统观展中观众被动体验的局面，使艺术展览从以展品为中心逐渐转变为以观众为中心。在此过程中，光雕投影技术的发展和应用丰富了艺术展览的观赏方式，增强了展览的趣味性，让观众产生沉浸式的观赏体验。光雕投影技术不仅可用于展品，还能应用于展览环境。展览空间是基于展品设计的一种具有写实氛围的空间，可以将展品的故事、背景一并展示出来，使展品不再孤立存在。同时，展览空间也成为展品的一部分，增强了展览空间与展品之间的互动性，延伸了展品的空间感，扩大了视觉信息的范围，从视觉上给观众带来空间感和沉浸感，从内容上则为展品提供了一个完整的故事片段。如图 4-35 所示，博物馆展出的星象仪并非单独存在，其与展馆屋顶的模拟星空以及周边的仿古建筑融为一体，更好地向观众展示了展品在古代的用途和价值。

图 4-35 博物馆展出展品及周边环境

（图片来源：http://xhslink.com/fthJ0s 访问日期：2023-07-10）

在展示空间内，无论是使用数字技术还是布置展示空间，都在尝试将真实世界与构建的世界相融合，使得展品与展示空间之间没有明确的界限，从而让参观者难以分辨何为真实世界，何为构建的空间。空间环境被各种视觉信息所填满，这不仅提升了观展过程的趣味性，也让观众仿佛置身于展品所描述的场景之中，或是被卷入展品背后的故事里，使观众能够暂时脱离现实生活，完全沉浸在当前的展览之中。

4.3 沉浸式新媒体内容案例研究

随着移动互联网和智能移动设备的不断发展，自媒体内容逐渐向移动终端迁移。媒介技术和数字技术的进步，也在一定程度上激发了人们对自媒体内容场景化的需求。2019 年，5G 移动网络的到来为自媒体内容的传播带来了更高的速度，使人们能够实现更加流畅的异地实时交互。与此同时，智能移动设备的升级使得人机交互过程更加顺畅，也为自媒体内容的沉浸式传播提供了更好的技术支持。

沉浸式数字技术为自媒体内容的创作带来了新的思路和传播方式。同时，沉浸式的自媒体内容能够增强用户体验，提升内容的吸引力和互动性。近年来，360 度全景技术、虚拟现实技术、增强现实技术等数字技术在自媒体内容创作中较为常见，成为沉浸式数字技术的重要组成部分。基于虚拟现实技术创作的直播、演出，基于增强现实技术创作的数字展览，以及基于 360 度全景技术制作的 Vlog、云旅行、直播等内容，都展现了自媒体行业在摆脱同质化、不断创新等方面的努力。沉浸式数字技术为自媒体行业带来了更加丰富、真实、可互动的内容体验,为自媒体创作者和普通消费者提供了创作和内容消费的平台,吸引了更多用户,提高了平台用户的活跃度、满意度和黏性。

360度全景技术和虚拟现实技术,是能够为消费者带来高度沉浸感的技术形式,使消费者产生身临其境的沉浸感、临场感和交互感。近年来,无论是全景技术还是虚拟现实技术,都在自媒体行业中逐渐崭露头角。如图4-36所示,淘宝直播平台运用了虚拟现实技术、增强现实技术以及人工智能技术,推出了虚拟主播进行产品直播销售。同时,该平台还采用了混合现实(mixed reality, MR)技术,让虚拟主播与真实主播能够同时出现在直播间内,共同进行电商直播。目前,相较于虚拟现实技术,360度全景技术在自媒体行业的应用更为便捷且广泛。

图 4-36　虚拟主播和真人主播同台直播

(图片来源:点淘 App)

4.3.1　360 度全景 Vlog

全景 Vlog 是指使用 360 度全景相机拍摄的视频博客(Vlog)。传统 Vlog 通常采用单一镜头拍摄,根据画面需求取景后再剪辑合成,全景 Vlog 则采用先拍摄后取景、剪辑的制作方式。这是因为 360 度全景相机的最大特点是能够同时拍摄一个空间内 360 度的画面。拍摄时,只需将全景相机放置在适当位置,或手持相机,确保能够拍摄到全方位的景象即可。在取景和剪辑阶段,可以使用相应品牌提供的 AI 智能剪辑工具,或者通过转换视角来发挥个人创意,对影片进行剪辑。

例如,在制作 Vlog 转场时,可以通过切换视角的方式进行编辑。如图 4-37 所示,可以通过切换小行星视角和立体全景视角来实现转场,画面可以从特写镜头平滑过渡到全景镜头。这种转场方式不仅交代了人物与空间的关系,还通过视角转换带来了画面和空间感的丰富变化。这样,无须添加任何视觉特效,就能制作出充满趣味的影片,使全景 Vlog 更具魅力。不仅如此,在切换观看视角的过程中,还会出现许多有趣的画面效果。如图 4-38 所示的大头效果,对于普通视频而言,制作这种效果需要添加特效,但对于全景视频来说,只需简单调整视角即可轻松实现。

图 4-37　全景 Vlog 小行星视角转场

（图片来源：Instagram App）

图 4-38　全景相机拍摄出的大头效果

（图片来源：Instagram App）

全景相机能够模拟第一视角（见图 4-39）和第三视角（见图 4-40）。特别是在使用 360 度全景相机模拟第三视角时，仿佛有一台摄影机在跟拍，给予观看者强烈的临场感。如图 4-41 所示，全景相机还能捕捉到一些特殊角度的画面，比如站在篮筐下方，拍摄出近距离的投篮动作。此外，360 度全景相机还能模拟出航拍效果，如图 4-42 所示。这些都是 360 度全景相机在 Vlog 制作领域的创新性应用，能够创造出有趣且独特的视觉效果。凭借独特的画面获取能力和自由操控视角的玩法，360 度全景相机创作出了众多富有创意和独特性的视觉画面。

图 4-39　360 度全景相机模拟第一视角

（图片来源：Instagram App）

图 4-40　360 度全景相机模拟第三视角

（图片来源：Instagram App）

图 4-41　360 度全景相机拍摄特殊角度
（图片来源：哔哩哔哩网站）

图 4-42　360 度全景相机模拟航拍效果
（图片来源：哔哩哔哩网站）

通过转换视角，360 度全景相机所提供的临场感是普通摄像机难以比拟的。临场感指的是观众在观看电影、电视、比赛、演出、视频等媒体内容时，能够感知到媒体内容中的空间信息，并产生一种强烈的参与感和现场感。这种"临场感"让观众仿佛身临其境，能够真实地感受到空间环境内的氛围和情感变化。它使观众更加专注和投入，并产生沉浸感。360度全景相机带来的视觉临场感，增强了内容本身的视觉冲击力和吸引力，加深了观众对内容的情感连接和参与程度。在体验时代，自媒体创作者利用沉浸式数字技术进行创作，正是为了给用户带来这样的沉浸式内容体验。

4.3.2　360度全景直播

相较于360度全景Vlog，360度全景技术在直播行业的应用更为广泛。早在2017年，Facebook就推出了360度全景视频直播功能，使用户能够在平台上进行360度的全景直播。Insta360的创始人兼CEO刘靖康在演示Facebook的全景直播功能时说："随着社交方式的可视化发展，人们渴望实现更加完整且沉浸式的即时沟通，而360度全景直播将成为这一趋势下的新风尚。"

在2020年，我国主流媒体中央电视台首次采用全景相机Titan和Pro 2对春晚进行了360度VR全景直播。随后，在2022年，中央电视台又在央视频App和微信视频号上首次推出了竖屏直播，并使用了影石创新的专业级11K VR相机Titan，以全景形式记录了春晚舞台。公众可以通过央视频App体验全景式的春晚舞台，如图4-43所示。在360度全景直播中，消费者可以根据自己的意愿，上下左右地移动或摇动手机，转换观看视角，从而获得身临其境的沉浸感。相较于传统直播内容，全景直播能够1∶1地记录直播内容和环境，使消费者具备主动获取信息的能力。因为全景直播全方位地传达了直播空间内的所有信息，消费者可以自由地旋转视角，观看直播空间内的任意部分和角落。这样，即使足不出户，消费者也能产生身临其境的沉浸感。

图4-43　央视频App全景式的春晚舞台（央视频App）

全景直播系统通常包括全景采集、全景拼接、推流分发、终端展示或沉浸体验这几个步骤。一般来说，全景直播需要使用专门的相机设备对环境进行360度的拍摄，这些相机设备可能由多个摄像机共同组成。随后，通过终端的处理，将相机拍摄的内容拼接成全景影像，并在直播平台内推流出去，供消费者观看和体验。随着全景技术的发展,便携式的全景相机能够快速、完整地拍摄360度的空间信息,并通过App的连接直接推流到直播平台,进行全景内容的直播。现在,观看全景直播内容不再需要繁重的设备,只需一部手机即可实现。全景技术和直播技术的发展,是近两年来全景直播内容开始受到大众关注的主要原因之一。

早在2016年,互联网直播行业就开始尝试将360度全景技术应用于实时互联网直播。然而,由于移动网络技术、设备等问题,当时只有少数人体验到了沉浸式的全景直播内容。随后的几年里,全景技术在直播行业的发展几乎停滞不前。但随着移动通信技术进入5G时代,信息传播速度加快,全景直播内容再次受到关注。传统的新媒体内容,如新闻事件、大型晚会、旅行记录等,都可以结合全景技术和互联网直播技术,实时实地地传播出去。这不仅是因为沉浸式数字技术的发展,更是因为移动网速的提升和智能设备性能的提高,为一般消费者观看全景直播提供了必要的设备和技术支持。

当前,360度全景技术已被广泛应用于新闻、演出、体育(包括电竞)赛事等行业的直播中。笔者从呈现方式、体验感、互动性等方面,对新闻、演出以及体育(电竞)赛事的传统直播效果与360度全景直播效果进行了对比。

1. 360度全景新闻直播

新闻是记录社会、传播信息、反映时代的一种重要内容。新闻本身的价值在于记录真实发生的事件。如表4-6所示,笔者从直播呈现方式、体验感、互动性、实时性以及目标受众五个方面,对比分析了传统新闻直播与360度全景新闻直播。可以发现,传统新闻直播与360度全景新闻直播在内容呈现、体验感、互动性等方面存在显著差异。与传统新闻直播相比,360度全景新闻直播让观众从旁观者转变为新闻内容的第一观察者,提升了观看时的参与感和沉浸感,仿佛身临其境,增加了观众的亲近感和代入感。全方位的内容展示能够捕捉事件的全貌,同时让观众发现更多细节,从而提高了信息的传播效率,增加了新闻报道的深度和价值。此外,技术创新也为新闻领域吸引了更多对科技和创新视觉效果感兴趣的受众群体。

表4-6 传统新闻直播和360度全景新闻直播的对比

	传统新闻直播	360度全景新闻直播
实例		
呈现方式	传统新闻直播内容通常使用摄像机以固定的角度向观众展示与新闻相关的信息。观众所看到的往往是静态的画面,新闻的内容则主要通过记者、主持人、相关嘉宾的讲述以及文字标题等方式来呈现	360度全景直播内容通过360度全景相机实时捕捉画面,观众可以自由调整观看视角,全方位地感受周边环境信息,仿佛身临其境。新闻的内容既可以通过记者、主持人、相关嘉宾的讲述以及文字标题等方式呈现,也可以由观众通过自主调整视角来获取
体验感	传统的新闻直播侧重于信息的传达,其内容主要依据传播媒体的意图进行突出和展示。在这种模式下,观众对于画面和信息传达的参与度较低,因此体验感相对较弱	360度新闻直播为观众创造了身临其境的感受,观众可以自主选择观看视角,这极大地丰富了观众在观看直播过程中的体验感、参与感和沉浸感。同时,由于观看视角的差异,每个人获取的新闻信息也具有一定的差异性

续表

	传统新闻直播	360 度全景新闻直播
互动性	在传统新闻直播中,观众的互动性相对有限,并且不同平台提供的互动方式也各不相同。一般来说,观众可以通过文字评论、实时留言或是社交媒体分享等方式来表达自己的观点和意见	360 度全景新闻直播内容的互动元素更为丰富。除了文字评论、实时留言、社交媒体分享等传统互动方式外,还增加了直播视角的交互功能,从而提升了观众在观看过程中的参与感和互动感
实时性	传统的新闻直播强调新闻事件或资讯传播的实时性。当前,随着实时直播技术的发展成熟,直播内容的延迟感已经基本上可以忽略不计	360 度全景新闻直播虽然同样具备实时性,但其传输效果更依赖于互联网的传播速度,因此,在实际应用中可能会存在一定的延迟现象
目标受众	传统的新闻直播更注重事件和资讯的有效传达,因此其受众群体相对更为广泛	360 度全景新闻直播更倾向于为观众提供沉浸式的观看体验,更适合那些对相关技术感兴趣的观众群体,以及希望深度参与新闻事件、体验新闻内容的观众

2. 360 度全景演出直播

舞台演出是经过策划者精心编排后,由演员在特定场所进行的表演。对于普通大众而言,舞台往往显得遥不可及。尤其是演出直播内容,观众通过屏幕观看时,其视野受限于直播镜头的视角,导致所看到的演出内容存在一定的局限性。然而,全景演出却能让观众仿佛置身于表演现场,获得身临其境的视觉感受。全景技术的运用不仅拓宽了观众的观看视野,还通过全视野的观看体验,将观众拉入演出的现场,使他们能够以最近的距离观赏演出,营造出强烈的身临其境感。如表 4-7 所示,笔者从呈现方式、体验感、互动性、舞台感知以及目标受众五个方面,对比分析了传统演出直播与 360 度全景演出直播。360 度全景演出直播赋予观众身临其境的观赏体验,观众可以自主调整视角,不仅能观赏到演出的各个角度和细节,还能获得更全面、更深入的观赏体验。丰富的互动性增强了观众对演出内容的参与感,这种技术创新的直播方式以及多元化的内容呈现,增加了观赏的娱乐性。360 度全景直播所带来的真实氛围和演出效果,也能提升观众观看时的情感体验。在一定程度上,360 度全景直播方式提升了演出的观看价值和吸引力。

表 4-7 传统演出直播和 360 度全景演出直播的对比

	传统演出直播	360 度全景演出直播
实例		
呈现方式	主办方通常通过固定的摄像机视角来捕捉舞台表演,同时也会根据需要调整镜头的远近、拍摄的角度,以优化演出的呈现画面。观众所看到的内容,很大程度上受到主办方主观镜头选择的影响	主办方采用 360 度全景摄像机实时捕捉演出信息,使得观众的观看视角不再受限于主办方的主观直播安排。观众可以自由调整观看视角,全方位地感受舞台环境,仿佛身临其境,仿佛自己正站在舞台之上

续表

	传统演出直播	360度全景演出直播
体验感	传统的演出直播注重舞台的呈现、演员的演出以及音乐和灯光效果,观众的体验感主要来源于演出中的声画效果	360度全景演出直播除了提供优质的声画效果外,还着重强调身临其境的观赏体验。全视角的观赏方式能够给观众带来更加真实的演出氛围,极大地提升观众的临场感、参与感和沉浸感
互动性	传统演出直播中,观众的互动性有限,不同平台的互动方式也各不相同。一般来说,观众可以通过文字评论、实时留言或是社交媒体等方式进行互动,但与直播内容的互动性并不强	360度全景演出直播中,通过沉浸式的画面传递,观众可以自主选择观看视角,从而拥有更强的沉浸感和互动体验,这也增加了观赏过程中的乐趣
舞台感知	传统的演出直播主要呈现舞台的正面或特定表演区域,观众对舞台造型的细节感知相对较弱	360度全景演出直播能够360度多视角地呈现舞台细节,使观众对舞台的整体造型、细节以及演出环境都有较强的感知力
目标受众	传统的演出直播面向广泛的观众群体,注重传递演出的内容	360度全景演出直播内容更适合那些想要深度参与演出、感受演出氛围的观众。它注重观众在演出过程中与舞台、演出环境之间的互动和沉浸体验

3. 360度全景体育(电竞)赛事直播

具有竞技意义的体育或电竞赛事,总能点燃观众的热情。优美的比赛动作、紧张激烈的比赛过程、令人欣喜或遗憾的比赛结果,都能触动观众的情绪。如表4-8所示,笔者分别从呈现方式、体验感、互动性、深度体验以及目标受众五个方面,对传统体育(电竞)赛事直播与360度全景体育(电竞)赛事直播进行了对比分析。360度全景赛事直播为观众带来了身临其境的观赏体验,极大地增强了沉浸感。观众可以自主切换视角,根据自己的意愿选择观看角度或特别关注自己喜爱的选手,从而捕捉到更多比赛细节,提升了赛事的互动性和观赏性。同时,多角度的比赛场地呈现也让观众能够感受到比赛现场的真实氛围,进一步增强了观众的临场感和沉浸感,使得赛事直播更加娱乐化和趣味化。

表4-8 传统体育(电竞)赛事直播和360度全景体育(电竞)赛事直播的对比

	传统体育(电竞)赛事直播	360度全景体育(电竞)赛事直播
实例		
呈现方式	传统的赛事直播通常以固定的摄影角度捕捉比赛现场,观众通过解说员的实时解说获取比赛的相关信息	360度全景赛事直播运用360度全景摄像设备全方位地呈现赛场信息,观众可以自主选择观看视角,专注于自己感兴趣的比赛或选手

续表

	传统体育（电竞）赛事直播	360度全景体育（电竞）赛事直播
体验感	传统的赛事直播往往按照比赛的时间和内容顺序进行，观众的视角受到一定限制。他们主要通过画面、比赛声音和解说声音来感受比赛现场，因此体验感相对有限	360度全景赛事直播通过沉浸式的观看体验，让观众仿佛置身于比赛场地之中，获得更强的身临其境感。观众可以自由地选择观看内容，从而获得更丰富的体验
互动性	在传统的赛事直播中，观众与直播内容的互动主要集中在评论、弹幕以及社交媒体等方面，互动方式相对有限	360度全景赛事直播中，观众可以通过移动观看视角来更深入地体验比赛，从而获得更强的互动感和参与感
深度体验	传统赛事直播受限于有限的镜头，难以充分展现比赛的细节	360度全景赛事直播提供了更为丰富的观看角度，对运动画面和细节的捕捉更为细腻，从而增加了比赛的深度体验。此外，通过一些独特的极限角度，观众还能获得与众不同的观赛感受
目标受众	传统的直播方式主要面向广大观众，尤其是那些对体育赛事感兴趣的群体	360度全景赛事直播不仅吸引了热爱体育赛事的观众，特别是那些渴望深度体验赛事现场的群体，还吸引了对科技和创新性内容感兴趣的群体

对于直播内容而言，近年来，互联网直播技术、平台建设以及 MCN 服务的构建已日趋成熟。互联网直播内容经历爆炸式增长后，现已趋于平稳，并逐步显现出同质化、缺乏新鲜感的趋势。直播内容本身即具备实时的场景共享特性。360度全景技术能够多视角、全方位地实时共享直播现场，为消费者带来更为真实的临场感，增强了他们观看直播时的沉浸体验。2020年以来，5G互联网络为360度全景直播内容提供了更为优质的网络视听环境。无论是主流媒体还是新媒体，都开始尝试360度全景直播，旨在为用户提供更优质、更有趣的直播内容。然而，总体而言，无论是使用360度全景技术制作的视频还是直播，其受众群体仍相对有限。此外，360度全景技术和虚拟现实技术面临较高的技术门槛和成本投入，同时还受到硬件、设备、网速等条件的制约。因此，沉浸式的全景内容主要吸引的是对这类内容和技术感兴趣的特定群体，而大部分人对这类内容尚缺乏明确的认知和关注。

4.4　基于360度全景技术的视觉沉浸式电商直播设计研究

数字经济不仅对传统行业产生了数字化变革的影响，还催生了众多新兴行业。移动互联网技术的迅猛发展彻底改变了公众的生活消费方式。电商直播作为"直播+"时代与电商行业融合的新兴产物，通过直播的方式，让相关品牌和产业向消费者展示商品，扩大产品推广范围，进而促进消费者的购买行为。特别是在社交媒体和移动互联网的推动下，越来越多的品牌和商家开始利用直播形式进行产品展示和销售。电商直播以其实时互动的特点，为消费者带来了全新的购物体验。近年来，互联网电商直播的服务已逐渐成熟，技术也日益稳定，并开始尝试引入新兴的数字技术，以丰富消费者的观看体验。

随着"元宇宙"概念的兴起，新媒体内容行业纷纷加入"元宇宙"计划，沉浸式数字技术开始在新媒体内容行业中崭露头角。在本研究中,笔者尝试将360度全景技术应用于电商直播行业,在数字技术不断演进和消费者需求日益变化的背景下,探索如何运用先进的360度全景技术为电商直播提供更加真实、身临其境的视觉体验,从而提升用户的购物体验和购买意愿。

当前电商直播的营销理念主要包括直接与消费者建立沟通联系的关系营销、商品现场介绍与体验的场景营销,以及以促销与价格调整为基础的传统营销。其中,场景营销是将产品或服务融入特定场景中,让消费者更好地感受产品或服务的内容和功能,创造一种更加真实、生动且情感化的购物体验,从而激发购物欲望。这是一种情感化的营销手段。视觉化的场景营销则基于空间叙事,以产品或场景为核心,通过外部环境因素刺激消费者,增加消费者的愉悦感和沉浸感,提高刺激消费欲望的可能性,进而激发消费者的冲动性消费行为。

1974年,学者Mehrabian和Russell在环境心理学的基础上提出了SOR理论模型。该模型指出,外部或内部的环境刺激(S)会影响个体的认知、内心状态和情感的产生(O),进而影响个体的行为反应(R),即刺激(stimulus)—个体(organism)—反应(response)。如图4-44所示为Mehrabian和Russell的SOR理论模型。

图4-44　SOR理论模型(Mehrabian&Russell)（笔者译制）

之后,学者Dovonan和Rossiter在研究SOR理论模型时,将该模型应用于传统的购物情境中。在研究过程中,他们发现店铺氛围会对消费者的心理产生影响。线下商店所营造的积极情绪主要由愉悦和唤醒两种状态构成,这两种状态能够进一步影响消费者在零售店内的购物行为。商店环境能够左右消费者的情绪,而消费者的情绪又能影响销售结果。此后,学者Changjo Yoo、Jonghee Park及Deborah J. MacInnis在研究中指出,线下销售店铺的特征对消费者的店内情绪有显著影响。他们也提到,购物环境能够激发消费者的积极情绪。由此可见,环境是能够影响消费者当下的消费心理的。图4-45展示了SOR理论模型在销售场景下的应用,即购物环境对消费者消费心理的影响。

图4-45　购物环境对消费者消费心理的影响（笔者制作）

直播本身具备的实时互动、展示、体验功能,以及电商直播中的促销活动特点,能够有效刺激消费者的购买欲望,加速购买决策过程。同时,直播作为一种能实时向消费者共享空间信息的视听内容形式,其直播环境会对观众的心理状态产生一定刺激。360度全景直播能将真实的空间环境以直播方式实时共享,通过丰富的视觉信息提升消费者的购物体验,引发情感上的变化,增强消费者的临场感和沉浸感,从而增加用户黏性,进一步促进消费行为的产生。

本次实践将围绕两大主题和两类场景,分别采用传统直播方式和360度全景直播方式进行八场直播实践。实践的主要目的是从视觉体验角度对比传统电商直播内容与360度全景电商直播内容,探索如何通过视

觉元素丰富自媒体内容,提升消费者的视觉体验,并考察这对增强消费者沉浸感的影响。实践过程将分为以下四个部分:

(1)前期调研:包括设计针对电商直播从业者的访谈问卷,并分析受众群体的特征。

(2)直播设计:笔者将尽可能还原电商直播的真实场景,对整个实践进行精心策划,包括选择直播平台、直播设备、直播场所和直播产品等。同时,拟邀请来自不同年龄层、不同生活地区的普通消费者进入直播间,实时体验直播内容。

(3)中期调研:直播结束后,笔者将对受邀的消费者及专业人士进行采访和问卷调查,收集他们的意见和感受。

(4)分析总结:笔者将从测试效果、问卷调查结果以及访谈内容三个方面对此次实践进行总结和分析。实践和研究流程如图4-46所示。

图4-46　360度全景电商直播的实践和研究流程(笔者整理)

4.4.1　前期调研

360度全景技术在电商直播中实现的视觉沉浸效果,是主播、观众以及平台共同作用的结果。在实际应用中,360度全景直播的效果实现需要平台提供技术支持,主播运用360度全景技术,同时观众的观看方式也参与其中,三方共同协作产生不同的视觉效果。本研究基于SOR理论,探讨环境对个体的刺激作用,尝试运用360度全景直播技术来丰富直播中的视觉元素,增强直播场景中的视觉化沉浸效果,进而深入探究沉浸式数字技术如何影响电商直播的视觉沉浸效果。此举旨在拓展沉浸式数字技术的应用范围,实现直播内容和形式的创新。

1. 访谈问卷设计

在本小节中,笔者为了从创作者的角度了解数字技术对电商直播的必要性,设计并制定了"内容创作者基于360度全景技术的电商直播内容访谈问卷"。访谈内容分为三个部分:

(1)受访者的基本信息,包括受访者的基本身份信息,以及直播平台、直播时间、擅长的直播类别等相关从业信息。

(2)受访者根据个人直播经验,探讨了当前电商直播视觉场景化趋势下,直播环境对直播效果的具体影响。

(3)受访者根据其他领域的360度全景直播内容,分享了自己对360度全景技术应用于电商直播内容的想法和态度。

根据访谈内容,笔者通过不同的社交媒体平台邀请了来自不同平台、不同领域的电商直播从业者进行深度访谈。在与各位主播取得联系后,为了配合受访者的时间和工作地点,在征得他们同意后,选择了线上语音的方式进行访问。相较于线下访谈,线上语音访谈在时间和地点的选择上自由度更高,对受访者来说更加便捷,因此他们的参与意愿也更强。每次访谈都以访谈问卷为中心，对相关话题进行拓展，持续时间为45~60分钟。每次访谈后，笔者都使用关键词提取和文字摘要的方法记录并整理内容，通过分类汇总，根据受访者的职业背景整理了访谈结果。下面归纳整理了其中三位不同职业背景的受访者的访谈结果。

受访者A：

作为一位20多岁的女性主播，她常用的直播平台是淘宝旗下的点淘App，平均每周进行5次直播，主要在海外店铺进行实地直播，销售的商品以服装类为主，拥有丰富的线下卖场实地直播经验。

在访谈的第二部分，受访者A表示，她平时大部分时间都是在线下门店进行电商直播的。她认为商店的环境，包括店内正在售卖的商品、店员甚至其他顾客，都会对她的直播内容产生重要影响。由于她身在国外，主要向国内消费者销售国外商品，因此她的主要客户群体是来自国内且喜欢海淘的顾客。对于这类顾客来说，在线下门店直播能更直接地向他们展示自己生活的环境，让他们了解到主播确实真实生活在海外，这在一定程度上增加了消费者对主播的信任感。在访问和交流过程中，受访者A还表示，线下门店直播可能会促进销售额的增加。因为在线下门店直播时，她经常与店员交流，同时直播间内消费者的评论也能实时传达给店铺工作人员，这增加了观众的参与感。虽然观众和店员之间隔着主播，但主播可以帮助消费者实时解决疑问，而且店员更了解商品，介绍更全面。此外，如果是在直播间直播，需要销售的商品往往需提前确定且固定，但在线下门店直播时，商品可根据店内库存来定，款式更多，消费者选择更多，消费可能性也相应增加，从而提升当天的销售额。

受访者A还表示，她认为直播地点很重要，直播效果也会受直播场景影响。她认为消费者很重视在线下门店进行的电商直播内容，尤其是像她这种需要用直播环境证实产品来源和真实性的海淘类电商主播。她认为在哪里直播是决定产品真实性的一个关键因素，在线下门店直播能给消费者留下商品来源真实可靠的印象。她也很享受在线下门店直播的氛围，觉得这样更有趣，直播空间中除了主播、店员还有其他消费者，消费者能看到店内商品的销售情况，受到其他消费者的影响，也会刺激他们的购买行为。对于主播自己来说，线下门店也提供了更多与顾客交流的内容，如商店的摆设、店员的回答等随机信息，这些都能成为直播过程中与消费者交流的内容，避免冷场尴尬。

在访谈的最后一部分，受访者A表示，她一般使用一台智能手机进行直播。在线下门店直播时，有时需要根据顾客需求移动手机位置、旋转手机角度来完成整场直播，这很费力。她之前并不了解360度全景直播，在听到对360度全景直播的介绍后，她认为如果能用360度全景相机进行直播，就不用一直移动和旋转手机了。因为360度全景相机能录下线下门店的环境，消费者可以选择他们想看的角度和位置，她只需专注于介绍商品。她认为360度全景直播或许能在一定程度上提高消费者的购买意愿。最后，受访者A表示愿意尝试360度全景直播，觉得这应该很有趣。

受访者B：

作为一位30多岁的女性自媒体创作者，她偶尔会进行电商直播，频率为一个月1~2次。主要销售的产品包括护肤品、美妆产品，以及她在社交账号上发布的内容中展示的服装、配饰等商品。受访者B主要进行电商直播的平台是她常用的社交媒体——小红书。

在访谈的第二部分，受访者B表示，由于她主要专注于自媒体内容创作，电商直播并非她的主业。然而，随着众多自媒体KOL、KOC开始尝试带货直播，她也跟随潮流开始了尝试。她没有专门的直播间，主要在自己生活的房间进行直播，且直播内容不会过多依赖直播环境。因此，受访者B坦言自己没有在线下门店进行实景直播的经验。但她认为，那些在线下门店直播的主播，销售的产品数量往往有限，有时仅有几件，这可能会给消费者一种"现在不买以后就买不到"的紧迫感，从而刺激消费行为。因此，她认为线下实景直播可能有助于提高产品销量，并具有更大的公信力和产品可信度。虽然受访者B觉得线下门店直播看起来更有趣，但她强调,确保一个相对安静的直播环境是很重要的,因为过于嘈杂的环境会影响消费者的观看体验。作为主播,她希望为消费者提供更加优质的观看体验。

对于访谈的最后一部分问题,受访者 B 表示,她认为使用 360 度全景技术过多地展示直播环境可能会分散消费者的注意力。在介绍产品时,她更希望消费者将注意力集中在自己和产品上,而非周边的直播环境。然而,360 度全景技术允许消费者转换观看视角,这可能会在一定程度上激发他们的兴趣。但她个人比较担心的是,如何在直播过程中更好地运用 360 度全景技术以达到更佳效果,这是需要深入研究的。最后,受访者 B 认为,360 度全景直播可能更适合销售旅行类商品,因为这样可以更全面地展示旅行地的风景或即将入住的酒店室内装潢。

受访者 C:

作为一位 20 多岁的女性主播,受访者 C 从事电商直播的时间不到一年,经验尚浅。在直播中,她主要销售的商品是护肤品和美妆产品,主要直播平台是抖音。

在访谈的第二部分,受访者 C 表示,她主要在直播间内进行电商直播,销售的商品由公司确定,自己只负责在直播过程中推销这些商品。整个直播过程对直播环境的依赖度很低。此外,她透露自己之前没有在线下门店直播的经验,但根据她的理解,她认为在线下门店直播可能会在一定程度上增加消费者对自己和产品的信任度,尤其是在销售护肤品时。

在访谈的第三部分,受访者 C 表示,虽然她已经了解了 360 度全景直播的概念,但从实践角度来看,她觉得这种直播方式比较复杂,限制也可能较多,可能无法充分发挥 360 度全景直播的优势。最后,受访者 C 表示,她并不看好 360 度全景直播的前景,认为当前的直播方式已经足够满足她的需求。

综合访谈结果,笔者总结如下:

首先,在电商直播间内,主播和产品是影响消费者的主要因素,且这两方面的发展已相当成熟。而"场景化"的直播环境,已成为电商直播行业发展的另一核心要素。按照当前的发展趋势,"场景化"直播环境不仅能精准锁定消费群体,使消费者产生代入感,还能在一定程度上刺激其消费行为。未来,或许需要更多技术来丰富直播间的场景。

其次,通过与内容创作者的访谈发现,无论是否具备线下门店直播经验,他们都认为线下门店直播对直播结果有积极影响。360 度全景直播能向消费者全方位展示直播空间,这对直播销售结果将产生积极影响。因为人很容易受到同空间内其他人及发生的事情的影响。360 度全景直播提供的视觉感受能让消费者产生与主播一同购物的临场感,感受到主播所在空间内其他人和事的存在,这在一定程度上会影响消费者的认知和判断,使其更容易产生跟风消费行为。同时,360 度全景直播旨在为消费者带来临场感和沉浸感,临场感能增强沉浸感,而沉浸感是一种积极的心理,能让消费者产生愉悦感、享受感和满足感。积极的心理会影响消费者对品牌、产品及主播的接受度和信任度,从而刺激购买欲望。

随着 5G 时代的到来,全景技术开始应用于直播行业,为体育赛事、文艺晚会、艺术展会等带来全新的视觉体验。然而,对于 360 度全景技术能否为直播电商行业带来新奇的消费观看体验,主播们看法不一。通过访问发现,目前大部分主播使用智能手机即可完成电商直播。在采访过程中,大部分专业主播表示对全景技术不了解,对具体的实践方式,包括直播平台、直播环境及设备的选择均不熟悉。他们担心过多的投入无法换来更高的收益,这是他们不看好全景电商直播的关键原因之一。此外,他们还担心技术、环境等问题会影响直播效果,以及过多地展示直播场景会分散消费者注意力,导致消费者无法专注于主播对产品的介绍。同时,根据采访结果,不同主播对直播场景的依赖程度不同,这也导致他们对 360 度全景直播技术应用于电商直播的认可度各异。例如,对于对直播场景依赖度高的受访者 A 而言,360 度全景技术能减轻其直播过程中的工作量,且更多直播空间的展示能在一定程度上提升直播间消费者的购物欲望。然而,对于对直播场景依赖程度不高的受访者B和C来说,他们现阶段不会考虑在直播间使用360度全景技术进行直播,因为现有直播技术已能满足其需求,而360度全景技术更为复杂,可能需要投入更多成本和精力。因此,相较于直播间内的直播,全景直播或许更适合实景店铺的电商直播内容。销售产品不同,全景技术带来的销售结果也会有所差异。

2. 受众分析

这次参与测试的群体主要是年龄在20~40岁的男性和女性,他们对电商直播的观看和购买方式均较为熟悉。这些人群大多居住在一二线城市,商品接收便捷,其中部分人热衷于通过电商直播购买日常用品,并表示自己生活中使用的吃、用、穿等日常用品中,有70%是通过电商直播购买的。他们将在笔者的指导下,参与此次360度电商直播的测试,以感受360度全景电商直播在视觉和体验感上与传统直播的差异。接下来,笔者将说明为何选择这部分群体作为体验对象。

与没有电商直播购物经验的群体相比,那些看过电商直播并有过电商直播购物经验的人群更了解如何使用相关平台观看直播、如何在直播中与主播互动以及如何购买商品。因此,这部分人群在体验360度全景电商直播时,能够更准确地感受到传统电商直播与360度全景电商直播之间的区别。

根据艾媒咨询2022年提供的数据,我国使用电商直播购物的用户年龄范围广泛。其中,"80后"和"90后"(年龄范围在23~42岁)是使用电商直播购物的主力军,占比超过80%。男性消费群体占58%,女性消费群体占42%。如图4-47所示,该图展示了我国电商直播用户的性别及年龄构成比例。

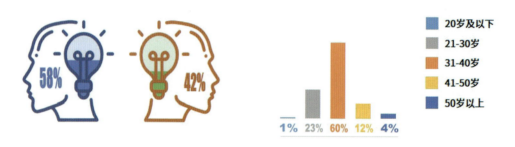

图4-47　我国电商直播用户性别及年龄构成比例图

(图片来源:https://www.iimedia.cn/c400/86233.html 访问日期:2022-07-03)

而"80后"和"90后"这部分群体是当前市场消费的主力军,他们因个人或家庭原因,日常消费需求旺盛。"80后""90后"的成长过程伴随着互联网技术、计算机技术的出现和发展,因此这部分人群擅长在网络上获取信息。他们也容易受到生活状态、社会资讯以及价值取向的影响,无论是商品信息的获取,还是购物渠道、消费方式,都呈现出多样化的特征。电商直播中提供的产品以及更加低廉的价格正好满足了该群体的消费需求。与此同时,"80后"和"90后"乐于接受新鲜事物,因此他们不仅是电商直播的主要消费者,也是新兴科技、智能手机的主要消费者。对于此次360度全景电商直播的尝试来说,它以互联网购物为内容,以智能手机为载体,以360度全景技术为创新点,在一定程度上可以满足"80后"和"90后"的日常生活习惯和消费需求。

相较于其他购物方式,电商直播往往销售的是价格更低或高性价比的产品。根据艾媒数据中心提供的数据,我国电商直播用户主要集中在一二线城市,其中二线城市的占比高达42%,图4-48展示了我国电商直播用户的城市分布。这不仅仅是因为一二线城市人口占比较大,还因为相较于三四线城市,一二线城市的基础消费水平相对较高。对于年轻人而言,一二线城市的社会资源更丰富、工作岗位更多,因此大部分年轻人更倾向于在这些城市工作和生活。对于普通上班族来说,电商直播提供的价格符合他们的经济能力,同时,便利的物流服务也极大地方便了上班族的生活。这也是在一二线城市生活的人群更热衷于使用电商直播进行购物的原因之一。

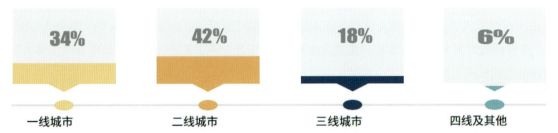

图 4-48　我国电商直播用户的城市分布图（数据来源：艾媒数据中心）

（图片来源：https://www.iimedia.cn/c400/86233.html 访问日期：2022-07-03）

不仅如此，沉浸式体验在上海和北京等一线城市的发展更为迅速，占比也更高。《幻境·2020 年中国沉浸产业发展白皮书》显示，沉浸式体验在上海和北京的分布占比分别为 24% 和 16%，其他占比高的城市大多是我国的一二线城市。图 4-49 展示了我国沉浸式体验的城市分布情况。这意味着在一二线城市生活的消费群体有更多的机会接触到沉浸式体验，并对沉浸式产业表现出一定的兴趣和关注。

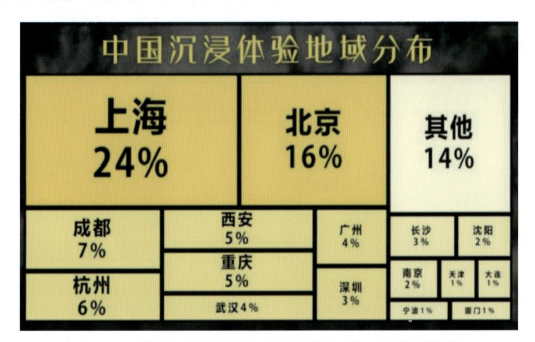

图 4-49　我国沉浸式体验的城市分布图（数据来源：幻境·娱乐未来数据库）

结合上述几点，在此次测试中，笔者邀请的消费者主要是生活在一二线城市的"80 后"和"90 后"，他们既是电商直播的主要购物群体，也是沉浸式产业的主要消费群体。同时，笔者还邀请了其他年龄层中对电商直播感兴趣的人群参与体验，以了解这部分人群对 360 度全景电商直播的感受。希望通过对他们的访谈，收集到更多对 360 度全景电商直播发展有参考价值的意见。

4.4.2　视觉沉浸式电商直播设计

在本次研究过程中，笔者提前邀请了部分人群参与实践。这些人群包括电商直播的从业者以及一般消费者，他们日常均有观看电商直播的习惯，部分人甚至表示会通过观看直播购买产品。由于部分人群因工作或私人原因无法准时参加笔者安排的360度全景直播测试,因此笔者制作了录像影片供这部分人群体验。本次体验过程采用两种方式进行:一部分人群直接进入直播间,实时观看360度全景直播;另一部分人群则通过观看360度全景直播的录制视频进行体验。通过这两种方式,笔者完成了本次360度全景电商直播体验测试,并收集了后续的访问和问卷结果。

在本次研究中,笔者使用了"看到科技(Kandao Tech)"于2020年9月发布的一款轻便型全景相机QooCam FUN。这款全景相机整个机身仅手掌大小,机身正反两面各配备了一个超广角的鱼眼镜头,并自带Type-C接口,可直接接入配备Type-C接口的手机,搭配"看到科技(Kandao Tech)"推出的App使用。该设备具备防抖功能,手持手机即可边走边拍。只需将相机接入手机,即可进行直播。图4-50展示了QooCam FUN全景相机的使用方法。

图 4-50　QooCam Fun 全景相机的使用方法

(图片来源 http://xhslink.com/nReR7s 访问日期:2022-11-10)

对于传统直播而言,智能手机也是大部分主播的入门设备,如图4-51所示,该主播正在利用智能手机进行直播。而使用全景相机进行360度全景直播时,主播只需在手机上额外接入一个全景镜头,操作简便,体验感良好,非常适合入门者使用。此外,QooCam FUN全景相机可以直接接入直播平台,因此,一个人就能轻松完成360度全景直播。

而消费者只需旋转手机,就能从多角度观看直播内容。QooCam Fun为消费者提供了球形全景模式和立体全景模式两种模式:球形全景模式将整个视野范围涵盖了水平和竖直方向的360度全景,观看者仿佛身处球形中心,视野内的环境呈现曲面效果,转动手机即可观察到直播环境内的任意角度;立体全景模式则更符合大众的真实视觉体验,它将上、下、左、右、前、后六个方位的场景信息结合成一个封闭的立体空间,消费者转动手机,可以看到水平和竖直方向上的360度全景。

图 4-51　手机直播（图片来源：点淘 App）

在本研究中，笔者主要探究使用 360 度全景技术进行的全景直播在视觉体验和互动体验上的优缺点，以进一步验证 360 度全景技术能否为电商直播的消费者带来更加沉浸式的消费体验。因此，本研究实践的重点在于 360 度全景技术在直播过程中的应用及其实现的全景式直播效果，而电商部分仅作为实践直播的主题，不做过多深入研究。在本研究中，整个实践过程以电商内容划分为两大主题（实物商品和服务型消费券），在固定直播主题的前提下，分别以传统直播和 360 度全景直播两种方式，在普通直播间和线下门店进行直播。也就是说，在整个实践过程中，同一主题的直播将按照不同形式和场地进行四场直播实践，共计八场直播，以验证 360 度全景技术应用于不同直播内容时的效果。

截至笔者完成实验（2021 年 12 月）时，QooCam FUN 全景相机的直播模式已兼容快手、虎牙、斗鱼、bilibili、腾讯看点直播、淘宝、京东、Facebook、YouTube 等国内外主流平台。此外，QooCam Fun 也与短视频平台"快手"进行了合作，只需连接手机上的 App，即可快速在快手平台进行直播推流。对于非专业主播来说，这一操作更加快速便捷。因此，在实践过程中，笔者也选择了快手平台进行直播测试。

1. 实景直播

本次直播实践依据电商内容，即电商直播产业链中的"货"，将直播实践划分为两大主题：一是实物商品类直播；二是服务型消费券类直播。基于此，在本研究中，在销售商品保持不变的条件下，笔者提出了以下假设。

H_1：在电商直播中，视觉化场景的共享程度越高，对消费者的临场感和沉浸感产生的正向影响越大。

（1）实物商品类直播对比实验。

这里的实物商品指的是食品、日常生活用品等，消费者购入后通过物流配送的方式送到消费者手中。这些是电商直播中最常见的销售商品。

由于进行本次直播实践时笔者在海外,因此,笔者将模拟海淘直播间,即在海外商场向身处其他城市或国家的消费者销售产品。在直播策划过程中,笔者选择了当地海外游客较感兴趣的卖场,以及卖场内海外游客喜好度较高的商品进行直播。接下来,笔者将对本次模拟直播过程进行简单介绍。

经过实地研究,笔者选择了一家位于当地市中心的化妆品卖场。该市中心本身就是热门旅行地点之一,日常游客众多,来此旅行购物者络绎不绝。直播销售的产品为卖场内在售的、国内外消费者喜好度较高的护肤品和化妆品,直播产品数量为3个,直播时长定为30分钟左右。笔者将模拟电商主播,完成整场直播。

如图4-52所示为此次实践的直播间截图。整场直播从进入该旅行地开始,该地区是当地的人气旅行地。因此,对于之前没有该地旅行经验的消费者来说,从周边环境引入直播内容,能够激发他们的好奇心。直播过程中,笔者需要引导消费者主动调整观看视角,并保持与主播的实时互动,以增强消费者的临场感,使他们尽快集中到直播内容中。而对于之前有过当地旅行经验的消费者来说,从当地环境引入直播,能够让他们快速联想起自己的旅行经历,产生代入感,从而引起他们的注意,使他们更好地集中于直播内容。

图4-52　实物商品类全景直播截图(图片来源:笔者实验)

在此部分与消费者的互动过程中,直播环境引起了在场大部分消费者的注意。特别是使用了360度全景技术的直播内容,实时展示了直播环境,让消费者有一种临场感和代入感。消费者可以实时切换直播视角,进行实时互动,从而产生与主播一起逛街购物的沉浸感。此部分消费者与主播的主要互动内容也是围绕直播环境展开的。在互动过程中,主播可以逐步引入将要销售的直播商品。销售商品时,主播可以拿着货架上正在销售的商品向消费者介绍产品的特点和功能,店铺内提供试用的产品也会在直播中通过试用的方式展示给消费者。

通过上述实践,笔者发现,消费者选择观看海淘类电商直播的主要原因,是希望购买到的产品真正在海外售出并发货,且物美价廉。因此,在此次实践中,选择直播地址和销售产品时,笔者特意挑选了国内消费者熟悉的店铺和产品进行策划与直播。然而,由于大部分消费者对 360 度全景技术不太熟悉,所以在直播过程中,笔者需要不断提醒消费者如何操作画面,选择自己想看的视角,并不断告知他们本次直播的特点,即可以从更多视角观看直播内容。了解这一特点的消费者,会主动切换观看视角,更多地关注自己感兴趣的内容。与此同时,消费者可以通过实时留言的方式,对自己感兴趣的内容和产品与主播进行互动,笔者也会实时解答消费者的疑问。

完成 360 度全景直播的实践后,笔者又以传统的直播方式,对同样的内容进行了第二次电商直播,以此作为对比事例进行研究。两次直播的视觉对比如表 4-9 所示。

表 4-9　实物商品类 360 度全景电商直播和传统电商直播视觉对比(图片来源:笔者实验)

360 度全景电商直播视觉效果	传统电商直播视觉效果

(2)服务型消费券类直播对比实验。

近些年来,电商直播为传统商品的销售带来了巨大增量,这是线下门店难以匹敌的。因此,更多行业开始尝试推出服务型消费券,供电商主播销售,旨在通过电商直播提升公众对线下门店的认知度,进而实现门店收益的提升。常见的服务型消费券包括饮食兑换券、旅行兑换券、美容兑换券等。消费者只需在直播间购买所需的服务型消费券,再到相应门店兑换等额服务,即可完成整个消费流程。在此过程中,需要让消费者在购买消费券前更准确地了解未来的消费环境,360度全景技术因其对空间环境的详细且全面展示而显得尤为重要。

如表4-10所示,在服务型消费券类的直播设计中,笔者选择了当地的某皮肤科医院,分别以传统直播方式和360度全景直播方式进行了两次服务型消费券类的电商直播。每场直播时长约为30分钟,销售的服务类消费券为该皮肤科医院的两种治疗项目兑换券。主播到达选定的皮肤科医院后开始了直播。首先,主播对医院的位置和环境进行了介绍,通过镜头带领消费者进入医院内部,并对医院整体环境进行了简要介绍,以便消费者通过直播提前了解消费环境。接着,在介绍相关消费券时,主播与医院工作人员一同介绍服务内容,并实时回答消费者的问题,使消费者能够通过直播与医院进行实时沟通。通过这种方式,消费者不仅能够对消费券有更深入的了解,还能对消费场所产生更直观的印象。通过对比可以发现,在固定视角的情况下,传统直播与360度全景直播的视角效果差异并不显著。

表4-10　服务型消费券类360度全景电商直播和传统电商直播视觉对比（图片来源：笔者实验）

360度全景电商直播视觉效果	传统电商直播视觉效果

但是相较于传统直播方式,360度全景直播为消费者提供了更大的自由度,他们可以自主地旋转观看视角,从而扩大视野,更全面、详细地了解消费环境。除了消费环境,直播间内的消费者还能观察到医院内的工作人员以及其他患者,通过皮肤科的日常客流量,进一步了解该皮肤科在当地的认可度。这种实时的空间共

享直播方式,让消费者仿佛身临其境,产生了强烈的临场感。而传统直播在介绍医院环境时,虽然也会让消费者看到医院环境,但在销售消费券的环节,直播镜头往往会聚焦于主播和工作人员,突出直播间内的问答互动。相比之下,360度全景直播在兼顾问答互动的同时,也允许消费者根据自己的需求深入了解医院的服务环境。

通过上述实践,笔者发现,对于服务型消费券类产品而言,由于它们是虚拟商品,消费者在到达指定消费现场之前往往对产品本身缺乏了解。不少消费者反映,他们得到的服务并不符合自己的期望。而采用360度全景直播方式,可以全方位展示消费环境,让消费者全面了解产品的消费环境,满足了消费者对产品的知情权。消费者可以通过全景技术选择自己更关心的内容进行观看,并实时提出问题,主播和医院的工作人员也能实时进行解答。在观看直播的过程中,消费者仿佛真的置身于消费现场,与工作人员面对面交流,这有助于消费者更全面地了解自己在购买服务型消费券后可以兑换到的同等服务。

2. 直播间直播

为了深入探究360度全景技术在电商直播内容中的适用场景,我们进行了以下对比研究:在保持销售商品不变的前提下,改变直播环境,将直播场地从线下门店移至专业直播间,并进行了四场时长均为20分钟的直播。这四场直播的视觉效果如表4-11所示。基于这些研究,笔者提出了以下假设。

H_2:在电商直播中,有效利用直播环境中的视觉元素,能够对直播的视觉化沉浸效果产生积极影响。

表4-11 四场直播的视觉效果(图片来源:笔者实验)

传统电商直播		360度全景电商直播	

实物商品类	服务型消费券类	实物商品类	服务型消费券类

在上述实践过程中,笔者尝试在固定的直播间内进行电商直播,销售相同的商品和服务型消费券。通过四场直播的实践,我们发现,在以销售商品为主的电商直播中,传统直播方式能够更好地展示产品。在直播间直

播时，主播的准备会更加充分，不仅可以介绍产品，还能展示产品细节及使用方法。对比电商直播的观看效果，我们发现，虽然观看传统电商直播的消费者不能自主控制直播视角，但直播画面更加清晰稳定，消费者对观看流程和操作也更熟悉，因此他们更多地将精力集中在主播和商品的介绍与展示上。

而对于服务型消费券的电商直播，主播在直播间介绍消费券类型和商家提供的服务时，通常只能通过展示图片、视频等方式补充信息，消费者对产品的了解主要依赖于主播的介绍。这虽然不影响前期产品的销售，但容易导致消费者期待值高于实际接受的服务水平，从而产生售后问题，进而影响消费者对主播和相关商品的信任度和好感度。

综上所述，对于360度全景直播内容而言，如果直播间内无法提供更多与产品或服务相关的信息，那么消费者操控直播视角、通过其他视角观看直播的必要性就不大。尽管360度全景直播为消费者提供了新颖的全景视觉和操作体验，但在实践过程中，由于全景直播需要同时传输的视觉内容过多，在有限的网速下，消费者观看到的直播画质并不清晰。同时，电商直播中使用360度全景技术的目的是让消费者仿佛与主播处于相同的消费环境。然而，如果室内直播间仅为主播提供了一个直播空间，而非真实的消费环境，那么对于这类直播内容，传统直播方式的技术成本投入更低，且直播效果也比360度全景直播的视觉体验更佳。

4.4.3 中期调研

根据实验结果，笔者对参与此次研究的一般消费者和电商直播从业者进行了问卷调查，并根据问卷结果，随机对部分电商直播从业者和一般消费者进行了访谈。

笔者设计并制定了"基于360度全景技术的电商直播内容视觉沉浸体验评价问卷"。该问卷的问题共分为五个部分：

第一部分，主要采集受访者的基本信息，包括性别、年龄、教育背景等。研究表明，由于性别、年龄以及教育背景的不同，人们在审美、娱乐、消费需求以及对数字技术的接受程度上也会有所差异。因此，对于同样的内容，他们的审美感受和体验感受也会有所不同。例如，男性和女性对于颜色、线条、形状等设计元素的审美感受存在差异，且对不同内容的关注重点也不尽相同。大部分男性更注重技术性、实用性以及功能性，而女性更注重细节、情感和美观。对于前沿数字技术的应用，年轻群体更倾向于有趣的、新鲜的文化消费内容，并且他们学习和接受新兴技术的速度也更快。教育背景的差异则会对生活方式和审美倾向产生影响。

第二部分，主要采集受访者在体验过程中对360度全景电商直播内容中的视觉信息体验的意见，包括体验者对360度全景电商直播内容的视觉效果和感染力的相关评价。

第三部分，主要收集受访者在体验过程中对360度全景电商直播内容的深度感官体验的意见，涵盖了受访者在体验过程中的参与感、临场感、沉浸感等相关内容的反馈。

第四部分，主要收集受访者在体验过程中对关键性信息的获取程度的意见，这些信息包括产品信息、环境信息、品牌信息等。

第五部分，主要收集受访者在体验过程中对360度全景电商直播内容的整体感受以及对相关内容形式的接受程度的意见。

问卷分别向一般消费者和电商直播从业者发放，以全面收集他们的意见和建议。问卷结果整理如下。

1. 一般消费者

从一般消费者的问卷结果来看，参与本次研究的大部分一般消费者认为360度全景直播内容是一种非常有趣且新颖的直播形式。在观看全景直播的过程中，大部分消费者会产生仿佛与主播一同逛街、购物的感受。然而，在观看直播过程中，消费者常会受到网速的影响，导致直播画面清晰度不足、画面传输延迟。消费者反映，这些问题会分散他们的注意力,甚至让他们想要放弃观看360度全景直播。同时,不少消费者还提到主播的互动存在较高延迟。但排除网络传输问题,消费者在观看360度全景电商直播时仍能感受到临场感,当他们专注于直播内容时,还会产生沉浸感。

受到网络传输速度的影响,部分消费者表示在观看全景直播时,产品的展示效果不佳。虽然能够看到周边环境,但由于画质不清晰,难以看清产品的具体细节。因此,这部分消费者在观看产品时会选择关闭360度全景直播模式,转而使用传统的直播模式,以便更清晰、直观地了解产品信息。

消费者对360度全景技术的接受程度各异。根据问卷结果和访谈反馈,消费者主要呈现出以下三种态度:①觉得有趣,很期待;②无所谓,影响不大;③太麻烦,不看好。

此外,消费者观看直播时的交互方式也会影响他们对360度全景技术的接受程度。以快手平台的直播系统为例,消费者需要旋转手机才能改变观看视角。在后续访谈中,消费者表示这种做法很不方便,因为大部分人在观看电商直播时往往是躺着或坐着,一直旋转手机需要不断改变姿势,十分不便。相较于直播间的直播内容,消费者更喜欢观看在线下门店进行的电商直播和360度全景直播。然而,部分消费者也表示,在观看360度全景直播时,能够自主转换观看视角并享受360度直播场景共享,这是一种非常有趣且富有创意的直播方式,这也是他们愿意体验360度全景直播的主要原因。

2. 电商直播从业者

从电商直播从业者部分的问卷结果来看,参与问卷调查的少数人认为360度全景直播是一种非常有趣且新颖的直播形式。但在关于360度全景技术带来的沉浸感的问题上,只有少数主播在体验360度全景直播内容时,短暂地产生了有人和自己一起逛街的感觉,以及仿佛观看直播的人就在店铺中的体验,并且,大部分人认为自己难以专注于360度全景电商直播内容。在后续采访中,有人表示360度全景电商直播内容画面不清晰,虽然新技术一开始会让人感到新奇,但如果直播效果不佳,就不如使用传统的直播方式。而且,他们目前使用的直播方式已经能满足自己的直播需求,因此不愿投入更多时间和成本去尝试360度全景直播技术。结合问卷和访谈结果可以发现,要想在未来推动360度全景直播技术在电商直播行业的应用,首先需要降低360度全景直播技术的使用难度和前期成本投入,并改善直播效果,提高直播内容的收益转化率,以吸引更多电商直播从业者选择360度全景直播技术。

针对360度全景直播的视觉效果和交互方式,大部分电商直播从业者表示,360度全景直播让他们看不清具体产品的信息,这样的效果不利于产品销售。同时,他们中的大部分人不喜欢当前360度全景直播的交互方式,觉得移动手机很麻烦,更倾向于通过手指触碰屏幕来操作界面。他们认为360度全景直播更适合在线下门店进行。

对于未来360度全景直播技术的应用,大部分从业者持抗拒态度。根据调查问卷,笔者随机选择了几位从业者进行语音访谈,将他们抗拒360度全景电商直播的理由总结为以下几点:一是大部分主播认为自己的直播间内的传统直播技术已经满足需求;二是担心360度全景直播技术的应用过于复杂;三是担心360度全景直播技术的应用需要过多的经济投入。

从访谈和调查结果来看,对于大部分消费者而言,他们对全景电商直播内容及其发展前景持中立态度。虽然他们表示愿意尝试使用全景技术观看电商直播内容,但如果全景电商直播内容不能提供优质的视觉体验,他们将逐渐失去兴趣。因此,需要提供更好的视觉体验来吸引更多消费者。

结合上述实践,在视觉效果方面,传统电商直播和360度全景直播的观看界面在视觉内容上几乎没有差别,唯一的区别在于消费者是否能与直播场景进行交互,以及能否自主拓宽观看视角。而消费者与界面的交互和更宽广的观赏视角能够让他们感受到临场感和沉浸感,这也是360度全景电商直播内容能让消费者在视觉上产生临场感和沉浸感的重要因素。同时,在360度全景电商直播中,消费者可以自主调整观看视角,选择自己想要了解的内容,如将观看视角转换为第一视角。这增加了消费者对直播内容的可控性,让他们能够远程参与购物过程,提升了观看直播时的体验感、参与感、临场感和沉浸感。通过交互,消费者能够更专注于直播内容,短暂忘记周边环境和时间,产生沉浸的观看体验。因此,全景直播的可控性和视角转换功能可以让消费者与直播内容实现界面交互,增强消费者的沉浸感。

如表 4-12 所示,笔者基于 360 度全景电商直播设计实验,通过访问内容、问卷调查以及后续访谈,分别从主播和消费者的角度出发,围绕操作难易度、全面性、观看专注度、虚拟临场感这四个维度,对传统电商直播和 360 度全景电商直播的优缺点进行了整理。

表 4-12　传统电商直播和 360 度全景电商直播的优缺点(笔者整理)

	传统电商直播	
	优点	
对消费者	单手操作；视角固定；内容更直观	
对主播	对直播设备的要求不高；现有网速可以满足直播质量；商品展示更直观	
	缺点	
对消费者	视野受限；直播内容单调,缺乏创新性	
对主播	主播需要自己切换直播视角进行直播；一直移动镜头容易感到疲惫	
	360 度全景电商直播	
	优点	
对消费者	有沉浸感；参与感强；临场感强；视角不受限制；消费者对内容具有可控能力；消费者对内容的获取更加精准	
对主播	不需要旋转镜头就可以进行 360 度全景式的直播；对于在真实卖场进行直播的主播而言,真实卖场中的消费氛围,在一定程度上可刺激消费	
	缺点	
对消费者	对网络速度要求高；画质和网络速度关联性高；消费者不熟悉全景内容	
对主播	对直播设备和网络环境的要求高	

4.4.4　分析和总结

5G 移动互联网时代的到来,为移动终端的数据传输提供了更稳定的技术支撑。以 360 度全景技术、虚拟现实技术、增强现实技术为代表的沉浸式数字技术,被广泛应用于新媒体内容的创作与传播之中。特别是在直播行业,互联网直播技术日益成熟稳定,360 度全景直播技术已被应用于体育赛事、文艺晚会、博物馆游览、旅行观光等领域的直播内容,为消费者带来了一场场沉浸式的视觉"云"盛宴。

笔者以理论为基础,通过访问、对比实验、效果分析、调查问卷及后续访谈等多种方式,在移动社交媒体平台上进行了360度全景直播与传统直播的对比实验,旨在探讨360度全景技术为消费者带来的视觉沉浸效果。

综合实验效果与访问结果来看,360度全景直播的最大优势在于能够实时为消费者提供更广阔的视野。同时,全景直播内容在主动性和互动性方面也有所提升。消费者可以通过手指触碰屏幕移动视角,或旋转手机自主选择观看直播的角度,从而获得更多视觉信息,增强临场感和沉浸感。也就是说,直播场景的共享范围越广,对消费者临场感和沉浸感的产生的正向影响越大。此外,直播过程中的空间共享是基于直播场景化发展趋势的讨论。通过对比360度全景技术适用的直播环境,我们发现直播空间内有效的视觉元素能够丰富消费者的视觉体验,对直播视觉化沉浸产生积极影响。

然而,对于大部分主播而言,一部智能手机就能完成电商直播,门槛低且便于操作,但360度全景技术却面临诸多挑战。首先,全景直播需要更多的成本投入;其次,要求直播者具备一定的技术基础,这自然为360度全景直播设置了技术门槛,也是部分主播不愿尝试的主要原因。同时,从实践效果来看,由于网络传输和直播环境等问题,观众的观看效果可能存在差异。实时视频传输速率的差异导致了直播画面不清晰、卡顿等问题,影响直播效果。电商直播的基本目的是销售商品,360度全场景共享旨在提升观众对产品和主播的信任,然而,过多地展示直播场景可能会分散消费者注意力,导致观众无法专注于主播对产品的介绍,反而影响电商直播的基本目的的达成。

360度全景直播为消费者提供了一个更真实的购物环境。基于SOR理论的研究,真实的购物场景能够引发个体情感变化,影响消费行为。360度全景直播通过互联网实时将真实的购物空间压缩至手机画面中,相比传统直播内容,全景直播内容加深了消费者的视觉感知,提升了观看过程中的体验感和互动感,实现了"社会临场感"与"空间临场感"的融合。视觉上的感官刺激让消费者产生临场感,进而更愿意投入当前环境中,增强沉浸式的体验感。

从内容创新和形式创新的角度来看,360度全景直播技术为消费者提供了更多的视觉场景,同时也将部分直播权限让渡给普通观众,如自主转换镜头、自主转换视角等。直播间内的权限共享让观众对直播内容有了更多的可控性。在不改变视角的前提下,传统电商直播与360度全景式电商直播在视觉效果上几乎没有差别。唯一差别在于直播间给观众提供了哪些可控性权限。在360度全景直播中,观众可以自主调整观看画面、选择不同视角,以"远程在场"的状态参与到购物过程中,丰富了观看直播时的体验感、临场感和参与感。基于"心流"理论的研究,在360度全景直播间内,观众形成了明确清晰的目标、准确即时的反馈、技能与任务的平衡、主控感以及发自内心的参与等基本的心理特征,能够增强消费者的心流状态,即产生沉浸感。因此,在360度全景电商直播间内,给予消费者自由的、自主的远程操纵权限,能够显著提升观众在直播间内的沉浸感。

为了确保360度全景直播观看的流畅性,需要尽可能避免以下不利因素:

(1)直播画面传输延迟。对于传统的电商直播内容,移动互联网的传输速度和智能设备足以提供流畅的观赏体验。然而,360度全景直播有所不同。由于全景直播设备需要更多时间来采集和合成外部信息,且在线传输的内容量大,因此其视频流传输所需时间会比传统直播更长。通过实践对比,可以明显发现全景直播的延迟时间较传统电商直播更长。这种延迟会影响主播与消费者之间的即时交流和互动。

(2)低分辨率的画面呈现。对于360度全景视频内容,业内普遍认为的理想清晰度至少应为8K,但当前直播平台最高仅支持4K分辨率。此外,尽管移动互联网已发展至5G时代,但仍有部分消费者使用4G网络,或网络速度未达到5G水平。因此,当消费者观看360度全景直播时,即使将分辨率调整至4K,实际观看的分辨率也可能远低于4K,部分消费者甚至可能遇到画面卡顿的情况。这些问题会严重影响消费者的观看体验,也不利于其产生沉浸感。为解决画面延迟和分辨率过低的问题,可以选择更加稳定的直播网络以及更高端的设备。

(3)直播画面的不流畅。断断续续的画面会严重影响消费者的观看体验。

上述因素均会对消费者在观看360度全景直播时的体验造成不利影响。

通过对比实验,我们可以明显发现,360度全景直播内容的延迟时间较传统直播更长,即主播收到观众信息和反馈的时间会更久。此外,对于全景视频内容而言,业内普遍认为的理想清晰度至少应为8K,但直播平台目前最高仅支持4K分辨率。受到移动网络传输速度的限制,即使消费者将分辨率调整至4K,实际观看的分辨率也可能远低于此。部分观众可能收到的直播内容分辨率更低,甚至出现卡顿情况。直播内容的观赏效果会直接影响消费者的观看体验。沉浸式体验可以让消费者主观上被"卷入"虚拟环境中,但低质量的视觉感知会让消费者在虚拟环境中产生脱离感,不利于其产生沉浸的观看体验。为解决画面延迟和分辨率过低的问题,可以选择更加稳定的直播网络以及更高端的设备,从而在直播视角、画面拼接、画质、分辨率、安全距离以及推流等方面得到改进。然而,这将对直播技术和场地提出更高要求,这也是现阶段全景技术在直播行业未得到广泛应用的原因之一。

在交互环节方面,实践过程中我们发现,交互的部分实践结果并不理想。传统直播内容中,实时的留言和购买环节构成了主要的交互行为,但在360度全景直播中,对视角的操控成了直播间内的主要交互行为。为消费者提供更熟悉、更便利的交互方式同样十分重要。以快手平台为例,消费者需要旋转手机才能移动视角。然而,根据消费者的体验反馈,为了全角度观看,他们需要不停地移动手机,这操作起来并不方便。相较于不停移动手机来切换视角,消费者更愿意以更舒适的方式在直播间内完成交互行为。手指操控是智能手机消费者习惯的操作方式,只需手指轻触屏幕即可实现交互。相较于旋转手机,手指操控更为方便。未来,随着全景技术、直播技术以及平台对相关功能的提升,全景直播的方式将变得更加便捷。例如,当前抖音平台上的全景直播内容已支持固定视角、沉浸式手指点触以及转动手机三种模式观看。消费者可以根据自己的观看需求调整直播的观看方式。

根据调研中期的问卷结果和访问结果,对于消费者而言,他们对360度全景电商直播内容及其发展前景持中立态度。虽然他们表示愿意使用全景技术观看电商直播内容,但如果全景电商直播不能提供优质的视觉体验,他们将逐渐失去兴趣。因此,对于内容创作者和平台而言,提供更好的视觉体验才能吸引更多消费者。

第 5 章　展望与创新

5.1　360 度全景直播的发展策略

视频是一种将图像、音频等媒体元素融合在一起的多媒体形式,而 360 度全景直播内容则在此基础上进一步拓展了视觉体验的边界,将更丰富、更完整的媒体元素实时传送给消费者,为消费者提供更广阔的视野,从而进一步增强其身临其境的观看体验。与此同时,全景直播内容还支持通过滑动、旋转等方式自由调整视角,让消费者能够自由探索直播环境,实现互动式的观看。这种高情境的用户体验能够增强用户的参与度和满意度,为更多领域、更多消费者带来多样化、独特的视听享受。

在数字化时代,随着数字技术的不断发展,文化内容的转型和发展得到了极大的刺激,用户对文化内容的消费需求也日益提高。沉浸式的视觉体验能够创造出身临其境的感觉,让消费者与内容之间建立更强烈的情感连接,提升其情感投入,使其更加紧密地与内容互动。当消费者更深入地参与到内容中时,就会产生更多的兴趣和好奇心,进而带来更多的娱乐消费和文化消费内容。

尽管 360 度全景技术,包括全景摄影、全景视频以及本研究中实践的全景直播,已经发展了一段时间,并非新鲜技术,但笔者在实践过程中发现,全景技术并没有像其他一些新兴技术那样迅速普及。特别是在直播过程中,笔者需要指导消费者如何操控直播间,才能更好地引导他们观看全景直播。通过研究实践可以发现,不仅是全景直播技术,全景技术本身的推广和应用还存在一些瓶颈。首先,全景内容的创作需要专业的设备和后期处理技术,这在一定程度上提高了创作成本。其次,全景直播技术对网络带宽以及设备性能要求较高,网速和直播的清晰度都会影响消费者的观看体验,因此也在一定程度上限制了全景直播在不同地区、不同人群之间的普及。

推动全景技术在内容领域的应用,有助于提高全景技术在公众心中的认知度和影响力,提升其商业竞争力,实现可持续性发展。随着技术的发展,未来将有更多沉浸式数字技术被应用于电商直播中。

电商直播本身就是一种具有营销性质的多媒体内容。视觉上的沉浸感可以将需要营销的内容和信息以一种更有创意、更有趣的方式呈现给消费者,有助于用户对内容的理解和吸收,提高信息获取效率,促进优质信息的可持续性传播。同时,这也加强了相关内容、品牌、产品的影响力和认知度。通过 360 度全景技术进行电商直播,可以为用户提供近乎真实的销售环境与商品观赏体验,如虚拟店内导购、商品细节放大展示等。在视觉体验上,丰富了视觉信息的交流,主播通过直播与消费者实时共享购物环境、店员以及其他消费者,让用户产生一种身临其境地感受商品、实现"云"逛街的体验。同时,360 度全景技术让用户自由选择观看角度,提供了更多的互动性。消费者可以根据自己的兴趣和需求浏览商品,增加了参与感、投入感以及临场感。

此外,360 度全景技术为产品的营销提供了新的思路和宣传方法。全景式的直播方式可以向消费者展示更多商品的相关信息(如产地、品牌文化、品牌特色等),增加了品牌的影响力和认知度。特别是对跨境电商来说,360 度全景电商直播具有强大的国际化拓展潜力。只需一部手机,就可以跨越不同的文化和地理环境,观看来自全球其他国家、地区的直播内容,为电商行业的发展带来更多机会。

目前,随着电商直播内容趋向饱和,想要在激烈的竞争中脱颖而出,除了价格机制的优势外,使用更加新颖有趣的多媒体技术手段、丰富营销和宣传方式也是关键。这可以吸引更多的用户,提高平台的用户黏性和市场份额。独特的购物体验在一定程度上可以提升消费者的满意度和忠诚度。当用户对这种创新型的体验方式产生情感认同时,会提高购买意愿。360度全景式电商直播内容结合了360度全景技术和电商直播的特点,是一种基于前沿数字技术生产的创新性营销内容。其目的是通过给消费者提供沉浸式的购物体验,引起消费者的正向情绪,促进消费行为的产生。

虽然当前360度全景技术不论是在电商直播领域还是在移动终端的应用都处于前期探索阶段,尚未进入爆发期,但360度全景技术为消费者带来的独特视角和引人入胜的观看体验,将为内容行业的发展带来新的刺激和机遇。

未来,360度全景电商直播技术的发展必将依托360度全景技术的优势得到深入开发和实现。理想化的全景电商直播内容应以扩大360度全景技术的优势为核心,根据市场变化和用户需求,灵活调整技术、互动、服务等多方面的设计策略,为消费者打造更加深入的沉浸式购物体验。首先,高质量的全景技术采集与传输至关重要。实验证明,高分辨率、流畅的全景画面传输能够带给消费者逼真的视觉体验,这是实现沉浸式360度全景电商直播的技术基石。其次,互动体验的优化同样不可忽视。直播间内的互动设计应使用户与直播内容产生深度互动。全景直播的互动方式需结合公众对智能手机的使用习惯,对全景直播间内的互动操作进行优化。基于"心流"理论中的技能与任务挑战平衡原则,将公众已习惯的操作方式(如手指拖拽、滑动等)融入新的操作界面(即360度全景直播间),有助于消费者在新旧体验间找到平衡。因此,平台在设计全景内容的交互体验时,应依据观众熟悉的操作方式进行创新,多维度丰富消费者在全景直播间内的互动体验,使消费者能够深度沉浸于全景直播内容之中。与此同时,MCN机构正朝着专业化、规范化的方向发展。MCN机构的加入为各类内容的生产提供了更加专业的团队,专业团队的建立也为新技术的开发和应用提供了专业保障和人才支持。这为全景直播行业在技术创新、内容优化、用户体验、用户需求等方面提供了持续性的技术支持,有力推动了360度全景直播内容的可持续性发展。

5.2 新媒体内容行业的创新与可持续发展策略

从博客到图像,从长视频到短视频,再到直播的兴起,我们可以发现,每隔一段时间,就会有新的内容形式被大众所接纳。这充分显示了数字技术对文化内容领域带来的深远且迅速的影响。特别是随着公众美育素养的提升,他们更容易被新奇、有趣、多变、沉浸式且具有创新性的内容所吸引。基于沉浸式数字技术创作的数字内容,将真实世界与虚拟世界相融合,展现出独特的视觉和感知魅力。这种沉浸式数字内容所带来的沉浸感,能够为消费者带来更强的专注度、更佳的体验感和愉悦感,进而激发公众的消费行为。因此,"沉浸"已成为一种极为有效的商业策略和营销手段,受到了各行各业的广泛关注。

在数字经济时代,数字技术与内容的融合给我们的生活带来了翻天覆地的变化。仅凭一部手掌大小的智能手机,我们就能随时随地接收来自全球的内容和信息。在数字技术的包装下,这些信息不再单调乏味,而是变得更加艺术化、更真实。即使身处不同的城市,也能感受到身临其境的沉浸感。在研究过程中,笔者发现技术与内容是相辅相成的。技术丰富了内容的表现形式,加速了内容的传播,拓宽了传播的渠道。同时,有趣的内容也让公众逐渐了解并喜爱上了各种数字技术。例如,抖音的走红,让每一位消费者都能通过手机创作出备受欢迎的自媒体内容。这一系列的变化,不得不让我们感叹自媒体内容的强大力量。可以说,数字技术不仅丰富了自媒体的核心竞争力,自媒体的发展也进一步提升了数字技术的实用价值和商业价值。特别是在2021年之后,"元宇宙"概念的提出引发了各界的广泛讨论。沉浸式数字技术能够将真实世界的人和场景聚集在同一个虚拟环境中,创造出更具临场感、仿真感和沉浸感的数字内容。

在本研究的过程中,笔者见证了自媒体内容从爆发式增长到稳定发展的历程。各类自媒体内容的爆炸式增长,不仅满足了公众日常的内容消费需求,更重要的是,这些内容开始影响公众的生活方式和消费方式。自媒体也逐渐成为影响主流媒体发展方向的重要力量。然而,随着自媒体内容的同质化、质量参差不齐等问题逐渐显现,数字技术的革新成为引领自媒体形式创新的关键。作为自媒体的核心竞争力,内容的丰富性和多样性至关重要。而数字技术的引入,能够进一步丰富自媒体的内容和形式,有利于实现自媒体内容的可持续发展。

360度全景直播的最大优势在于能够实时为消费者提供更广阔的视野。同时,全景直播内容在主动性和互动性方面也有所提升。消费者可以通过手指触碰屏幕移动视角,也可以通过旋转手机的方式自主选择观看直播的角度。这种直播方式能够为消费者提供更多的感官体验,增强消费者的临场感和沉浸感。希望通过本次实践研究,能够让更多人了解360度全景技术所带来的互动性和视觉魅力。与此同时,与传统的电商直播内容相比,360度全景技术能够实现全景视角的直播,让消费者产生与主播共享空间的沉浸效果。而这种视觉上的沉浸体验,或许会为电商直播行业带来新的发展机遇。对于一般消费者而言,沉浸感的出现是否能够刺激其消费行为?如果沉浸式数字技术带来的直播技术升级能够为电商直播行业带来新的经济效益,那么这也有可能推动包括360度全景技术在内的各类沉浸式数字技术在更多行业的应用。

从理论研究到实践分析,自媒体内容在不断突破技术上的限制。无论是现在还是未来,都将有更多、更新的数字技术应用于自媒体内容的创作过程中。公众已经习惯并开始享受数字技术给生活带来的改变,从记录生活到模拟真实生活,在虚拟世界中模拟真实世界,在真实世界中体验虚拟世界,真实与虚拟的界限逐渐变得模糊,却能给人带来沉浸感和愉悦感。特别是沉浸式数字技术的发展和应用,让人们从旁观者变成了参与者。空间和时间的统一不再是判断在场的唯一标准,技术带来的沉浸感让我们随时随地都能产生身临其境的临场感。

本研究以360度全景电商直播内容为研究主题,希望能够通过本研究为沉浸式数字技术的应用带来新的启示。当前,我国正致力于文化产业的数字化转型和沉浸式技术的发展探索。也希望通过本研究能够为文化行业的数字化转型提供新的思路,为公众提供更丰富、有趣、优质的文娱消费内容,让公众能够体验到更多有趣的数字内容,从而提高公众的审美情趣和文化艺术素养,培养公众的人文素养和个人创造力。

参考文献

[1] 张珍."向海经济"背景下广西北海文旅产业核心竞争力的提升对策探究[J].商展经济，2023(14)：53-56.

[2] 杨勃勃,杨建宇.从低碳视角看新闻出版业智慧转型[J].新闻研究导刊,2021,12(22)：45-47.

[3] 邓婷.非遗视角下城市文化形象的塑造与新媒体传播策略研究[J].艺术市场,2022(02)：102-103.

[4] 中华人民共和国.中华人民共和国国民经济和社会发展第十四个五年规划和2035年远景目标纲要[R/OL].https：//www.gov.cn/xinwen/2021-03/13/content_5592681.htm?dt_dapp=1.

[5] 李港丽.交互设计的沉浸式体验探析——以TEAMLAB BORDERLESS数字艺术博物馆为例[J].设计,2021,34(19)：120-122.

[6] 王然.数字化赋能文化产业高质量发展的作用机制与实现路径[J].价格理论与实践,2022(07)：17-20+73.

[7] 国家互联网信息办公室.数字中国发展报告(2022年)[R/OL].http://www.cac.gov.cn/2023-05/22/c_1686402318492248.htm.

[8] 赵学琳,李政锴.21世纪以来我国文化产业政策的演变与前瞻——基于文化产业政策文本的量化分析[J].学术交流,2021(12)：63-81+186-187.

[9] 夏杰长,肖宇.数字娱乐消费发展趋势及其未来取向[J].改革,2019(12)：56-64.

[10] 任陇婵.元宇宙风潮中广电业融媒转型发展的趋向[J].声屏世界,2022(22)：5-8+19.

[11] 黄永轩.从新媒体到元宇宙媒体——一个实践者眼中的中国媒体发展历程[J].上海广播电视研究,2023(02)：57-59.

[12] 柴红焱.抖音平台中沉浸式短视频的传播现状及问题研究[J].卫星电视与宽带多媒体,2022(11)：99-101.

[13] 邵巧露,张淼.网红经济的营销建构[J].现代营销(下旬刊),2016(04)：197.

[14] 魏立.网红经济：红了哪些产业？网了谁的金？[J].股市动态分析,2016(15)：13.

[15] 蒋美兰.直播成就网红,还是网红成就直播？[J].中国广告,2016(08)：62-64.

[16] 艾媒生活与出行产业研究中心.2020-2021年中国直播电商行业生态剖析及趋势预判[R/OL].https://www.iimedia.cn/c400/74296.html.

[17] 史亚娟.电商+直播,"网红经济"玩出新花样[J].中外管理,2016(09)：37-39.

[18] 田丽.电商直播："水火交融",未来可期[J].青年记者,2020(36)：19-20.

[19] 陈永晴.直播电商：营销新势能的反思[J].出版广角,2020(21)：46-48.

[20] 裴学亮,邓辉梅.基于淘宝直播的电子商务平台直播电商价值共创行为过程研究[J].管理学报,2020,17(11)：1632-1641+1696.

[21] 谢云,朱铁军."万物共生":交互设计与沉浸体验[J].湖北文理学院学报,2023,44(04):56-61+73.

[22] 俞华,肖克.我国直播电商的社会环境、发展历程和未来趋势[J].中国国情国力,2021(08):27-32.

[23] 刘亭亭,刘佳雪.直播电商助推乡村经济振兴的创新模式与潜在危机研究[J].中国商论,2023(14):28-31.

[24] 杨艳萍,李清莹.农产品直播服务场景对消费者购买意愿的影响研究[J].时代经贸,2023,20(06):18-23.

[25] Pine B J, Gilmore J H. Welcome to the experience economy[M]. Cambridge, MA, USA: Harvard Business Review Press, 1998.

[26] 美国的"体验经济"[J].领导决策信息,1999(10):32.

[27] 幻境沉浸产业研究院.幻境·2020中国沉浸产业发展白皮书[R/OL]. http://illuthion.com.

[28] Mihaly Csikszentmihalyi. Flow: The psychology of optimal experience[M]. Harper Perennial, 1991.

[29] Cummings J J, Bailenson J N. How immersive is enough? A meta-analysis of the effect of immersive technology on user presence[J].Media psychology, 2016, 19(2): 272-309.

[30] Hudson S, Matson-Barkat S, Pallamin N, et al. With or without you? Interaction and immersion in a virtual reality experience[J]. Journal of Business Research, 2019, 100: 459-468.

[31] 潘梦柔,刘振婷.多模态隐喻视域下比亚迪新能源汽车视频广告分析[J].文化创新比较研究,2022,6(35):37-40.

[32] 柴彦宇,殷亦赫.交互叙事视角下景区公共设施的沉浸式体验设计研究[J/OL].包装工程:1-12[2023-08-09].http://kns.cnki.net.hubu.yitlink.com:80/kcms/detail/50.1094.TB.20230725.1835.005.html.

[33] 邓启耀.燃灯意象:仪式化民俗与沉浸式光影艺术空间[J].民俗研究,2023(04):135-144+160.

[34] 黄斌,姚梅莎.短视频营销对酒店营销的影响研究[J].四川旅游学院学报,2023(04):26-31.

[35] 刘蕴瑶,汪春蓉,王珏.美食短视频对旅游者心流体验影响研究——基于SOR理论[J].四川旅游学院学报,2023(04):38-43.

[36] 王晗.现场互动直播——移动互联网时代的主流传播形态[J].现代视听,2016(09):31-34.

[37] 程明,杨娟.实时在场、深度卷入、构建认同——论网络直播中的直播营销[J].广告大观(理论版),2017(03):42-47.

[38] 谭天.从渠道争夺到终端制胜,从受众场景到用户场景——传统媒体融合转型的关键[J].新闻记者,2015(04):15-20.

[39] 聂芸芸.三维共力:关于移动新闻直播选题策划的思考[J].传播力研究,2018,2(32):9-10.

[40] 李沁,史越.中国文化海外沉浸传播模式:以Facebook Live为例[J].现代传播(中国传媒大学学报),2019,41(01):146-151.

[41] Mehrabian, A., & Russell, J. A. (1974). An approach to environmental psychology[M]. MIT

Press.

[42] Hussain, R., & Ali, M. Effect of store atmosphere on consumer purchase intention[J]. International Journal of Marketing Studies, 2015, 7(2).

[43] 李玉玺, 叶莉. 电商直播对消费者购买意愿的影响——基于冰山模型及SOR模型的实证分析[J]. 全国流通经济, 2020(12): 5-8.

[44] 许步扬, 汪滟, 崔贤浩, 等. 基于5G的自由视角交互直播视频方案的设计与实现[J]. 广播与电视技术, 2021, 48(07): 14-17.

[45] 李诗研. 浅析360°全景视频在体育赛事报道中的应用[J]. 新闻研究导刊, 2021, 12(03): 253-254.

[46] 阚红敏. 初探全景视频在博物馆常态化直播中的创新应用[J]. 文化产业, 2022(10): 25-27.

[47] 满志禹. 创新求变, 全景沉浸式融合报道中应用技术的实践[J]. 新闻战线, 2023(12): 26-28.

[48] 胡鹏钰. 数字经济发展与产业结构升级协同效应研究[J]. 全国流通经济, 2022(34): 99-102.

[49] 王实. 探究我国数字经济领域发展的问题与对策[J]. 现代营销(信息版), 2020(07): 100-101.

[50] 中国信通院. 中国数字经济发展白皮书2020[R/OL]. http://www.coi.org.cn/article/y/gnxw/202105/20210503061197.shtml.

[51] 中华人民共和国. "十四五"数字经济发展规划[R/OL]. https://www.ndrc.gov.cn/fggz/fzzlgh/gjjzxgh/202203/t20220325_1320207.html.

[52] 蔡莉, 张玉利, 陈劲, 等. 中国式现代化的动力机制: 创新与企业家精神——学习贯彻二十大精神笔谈[J]. 外国经济与管理, 2023, 45(01): 3-22.

[53] 杨保军, 张成良. 论新兴媒介形态演进规律[J]. 编辑之友, 2016(08): 5-11.

[54] 王兰燕. 媒介变迁与意见领袖的嬗变[J]. 大众文艺, 2010(22): 179-180.

[55] 李晓新, 陈孝林. 信息技术的演进与信息能力的形成[J]. 图书馆工作与研究, 2005(03): 5-8.

[56] 赵岩. "媒介即讯息"理论视角下的影视广告设计研究[J]. 参花(下), 2021(03): 110-111.

[57] 王广飞. 影像验证: 媒介是人体的延伸——《后窗》分析[J]. 消费导刊, 2009(18): 237-238.

[58] 刘阳彤. 浅析新媒体对文化产业的影响[J]. 文化创新比较研究, 2019, 3(26): 72-73.

[59] 宋娜. 媒介融合背景下陕西脱贫攻坚题材影视作品的创作理念和传播价值研究[J]. 新闻传播, 2022(15): 46-48.

[60] 张杨梓. 电视新媒体从"泛娱"到"智娱"的转型研究[J]. 科技传播, 2019, 11(12): 17-18.

[61] Bowman, S., & Willis, C. (2003). We Media[R/OL]. www.hypergenenet/wemedia/.

[62] 肖瑶. 新媒体网络直播的传播模式分析[J]. 新媒体研究, 2018, 4(6): 32-33.

[63] IJsselsteijn W A, De Ridder H, Freeman J, et al. Presence: Concept, Determinants, and Measurement[C]//Human Vision and Electronic Imaging V. SPIE, 2000, 3959: 520-529.

[64] (美)B·约瑟夫·派恩二世, (美)詹姆斯·H·吉尔摩. 体验经济[M]. 毕崇毅, 译. 北京: 机械工业出版社, 2016.

[65] 包晗雨, 傅翼. 试论体验时代基于新媒体技术的博物馆交互展示[J]. 中国博物馆, 2021

(4)：111-118.

[66] 王亮.浅谈体验经济与体验营销[J].淮南职业技术学院学报，2004(4)：12-15.

[67] 杨小洁.论沉浸式新闻中"场景"要素的运用——以新华社VR新闻为例[J].西部广播电视，2021，42(2)：1-3.

[68] NeXT SCENE.《NeXT SCENE 2020全球沉浸式设计产业发展白皮书》[EB/OL].(2020-07-29)[2023-06-15].https：//www.nextscene.us/.

[69] NeXT SCENE.《2019全球沉浸式设计产业发展报告》[EB/OL].[2023-06-15].https：//www.nextscene.us/2019report.

[70] 李港丽.交互设计的沉浸式体验探析——以TEAMLAB BORDERLESS数字艺术博物馆为例[J].设计，2021，34(19)：120-122.

[71] 亚里士多德.形而上学[M].程诗和,译.北京：台海出版社，2016.

[72] 陈恬.噪音、静默与合唱：论当代西方剧场的声景[J].文艺理论研究，2023，43(2)：79-88.

[73] 吴琼.视觉性与视觉文化——视觉文化研究的谱系[J].文艺研究，2006(1)：84-96+159.

[74] 朱雪峰.当代场景设计与"低级感官"体验：论剧场触觉、嗅觉、味觉和联觉[J].文艺理论研究，2023，43(2)：66-78.

[75] 董红羽，杨清明.空间布局[M].南昌：江西美术出版社，2003：93.

[76] 刘旭颖.直播电商迎来稳健发展期[N].国际商报，2022-10-20(005).

[77] 王卉，茅硕.信任构建与价值彰显：电商直播演进视角下图书直播营销发展策略分析[J].中国出版，2022(24)：15-20.

[78] 艾媒新零售产业研究中心.2022-2023年中国直播电商行业运行大数据分析及趋势研究报告[R/OL].(2022-06-24)[2023-06-15].https：//www.iimedia.cn/c400/86233.html.

[79] 中国互联网协会.中国互联网发展报告(2022)[R/OL].(2023-05-23)[2023-06-15].http：//www.cac.gov.cn/2023/05/22/c_1686402318492248.htm.

[80] 国家税务总局.关于进一步规范网络直播营利行为促进行业健康发展的意见[R/OL].(2022-03-25)[2023-06-15].https：//www.gov.cn/zhengce/zhengceku/2022/03/31/content_5682636.htm.

[81] 艾媒大文娱产业研究中心.2022-2023年中国MCN行业发展研究报告[R/OL].(2022-7-20)[2023-06-15].https：//www.iimedia.cn/c400/87027.html.

[82] 一昂杨律.行业手记｜MCN机构如何玩转直播电商[EB/OL].(2020-06-30)[2023-06-15].https：//zhuanlan.zhihu.com/p/152083400.

[83] McAleer J. Panoramic Visions：Denise Blake Oleksijczuk, The First Panoramas; Erkki Huhtamo, Illusions in Motion[J]. Technology and Culture, 2014, 55(1)：237-240.

[84] 陶雪琴，李婷.虚拟现实技术的历史及发展[J].中国新通信，2012，14(23)：41.

[85] 林萧萧.VR游戏互动方式的发展方向分析[J].中国高新技术企业，2016(35)：247-249.

[86] Yu Shi-hung, Jean-Hun. A Study on the Convergence Contents of Projection Mapping in China[J]. Journal of Digital Convergence, 2018, 16(1)：311-316.

[87] 韩华辉.全景视频技术在视频直播中的应用[J].IT经理世界，2020，23(5)：206，217.

[88] 刘奕彤，麻成，徐沁晔.直播场景构建与注意力启动的关系[J].经济研究导刊，2022(25)：147-149.

[89] 李玉玺，叶莉.电商直播对消费者购买意愿的影响——基于冰山模型及SOR模型的实证分析[J].全国流通经济，2020(12)：5-8.

[90] Venter de Villiers M, Visnenza A, Phiri N. Importance of Location and Product Assortment on Flea Market Loyalty[J]. The Service Industries Journal, 2018, 38(11–12): 650–668.

[91] Donovan R J, Rossiter J R. Store Atmosphere: An Environmental Psychology Approach[J]. Journal of Retailing, 1982, 58(1): 34–57.

[92] Yoo, Changjo, Park, Jonghee, & MacInnis, Deborah J. Effects of Store Characteristics and In-Store Emotional Experiences on Store Attitude[J]. Journal of Business Research, 1998, 42(3): 253–263.

[93] 许柚. 沉浸式综合体:怎样创新玩转文旅[J]. 决策, 2021(04): 72–74.

[94] 薛宁, 李琳. 观众的构成与审美偏好——基于"中国电影观众满意度调查"的分析[J]. 当代电影, 2022(03): 4–16.

[95] 周鸿祎. 亚马逊的成功秘诀——创造更好的用户体验[J]. 中国经济周刊, 2014(02).

[96] 约瑟夫·派恩, 詹姆斯·H·吉尔摩. 体验经济[M]. 毕崇毅, 译. 北京: 机械工业出版社, 2012.

[97] 阿尔文·托夫勒. 第三次浪潮[M]. 朱志焱, 译. 北京: 新华出版社, 1996.

[98] 郭庆光. 传播学教程[M]. 北京: 中国人民大学出版社, 2008.

[99] 王成慧. 体验营销案例研究[M]. 天津: 南开大学出版社, 2011.

[100] 姜奇平. 体验经济: 灭了经济人理性——从休闲和游戏看互联网的价值创造和再分配[J]. 互联网周刊, 2001(09).

[101] 干春晖. 体验经济的崛起[J]. 改革先声(新视点), 2000(08).

[102] 潘晶. 体验经济视角下的商业展示设计研究[J]. 艺术与设计(理论), 2015(06).

[103] 朱赛鸿, 王旭. 体验经济时代背景下体验型商业空间氛围营造[J]. 建筑与文化, 2016(09).

[104] 苏婉薇. 体验经济下行为体验广告的研究[D]. 广州: 广州大学, 2013.

[105] 汪秀英. 基于体验经济的消费者行为模式研究[D]. 大连: 大连理工大学, 2010.

[106] 张海敏, 黄定官. 体验经济下的旅游产品设计开发模式研究[J]. 赤峰学院学报(自然科学版), 2018, 34(02).

[107] 张学敏, 何酉宁. 受教育程度对居民消费影响研究[C]. 中国教育经济学年会会议论文集. 2006.

[108] 王嘉惠. 电商环境下的直播营销[J]. 山西农经, 2017(08): 81.

[109] 贺斌. 5G超高清VR全景直播系统设计和应用[J]. 广播电视网络, 2023, 30(05): 21–25.

[110] Novak T P, Hoffman D L, Yung Y F. Measuring the customer experience in online environments: A structural modeling approach[J]. Marketing Science, 2000, 19(1): 22–42.

[111] 黄斌, 姚梅莎. 短视频营销对酒店营销的影响研究[J]. 四川旅游学院学报, 2023(04): 26–31.

[112] 姜鹏翔. VR直播:直播模式流变下的全景技术重构[J]. 新闻论坛, 2022, 36(05): 37–39.

[113] 夏茵. 虚拟现实视频云直播系统的设计与实现[J]. 广播与电视技术, 2022, 49(06): 61–64.

[114] 李蕾, 李玲. 体育赛事传播中VR直播与5G技术的应用[J]. 青年记者, 2021(12): 102–103.

[115] 申启武, 李颖彦. 现状与趋势:网络语音直播产业的全景考察[J]. 中国广播, 2020(06): 17–22.

[116] 俞岚. "网"聚环球视野 "云"观全景中国——中新网"冬奥24小时"报道探索网络直

播新模式[J].传媒,2022(06):19-20.

[117] 丁晗.全景直播:移动互联网背景下的新闻报道新样态——以人民网专题《两会进行时》为例[J].新闻战线,2017(06):7-9.

[118] 李万莲,陈晓钱,王良举.旅游演艺沉浸体验的影响因素与形成机制——基于《只有河南·戏剧幻城》的扎根分析[J].四川师范大学学报(社会科学版),2023,50(04):99-106.

[119] 郭梅雨.元宇宙视域下广告视觉想象空间的建构[J].青年记者,2022(24):113-116.

[120] 靳军.虚实的交融——信息时代媒体科技推动数字沉浸艺术体验创新[J].美术研究,2022(06):76-81.

[121] 段淳林,魏方.具身交互、超级数字场景、社交可供性:元宇宙品牌传播路径的新逻辑[J].青年记者,2022(22):28-31.

[122] 李静,张超.儿童立体绘本的沉浸体验与空间互动[J].出版广角,2022(20):79-83.

[123] 张琰,郑霞.浅析观众沉浸感和博物馆沉浸式展示要素[J].东南文化,2022(05):153-160.

[124] 赵红勋,王飞.5G时代中视频的场景建构[J].青年记者,2022(18):93-95.

[125] 张磊.元宇宙图书馆:理论研究、服务场景与发展思考[J].图书馆学研究,2022(06):9-17.

[126] 张琪,杨敏,石磬,等.虚拟现实赋能未来教师培养:逻辑、场景与重塑[J].中国远程教育,2022(08):9-17.

[127] 白雪,王艳.定位·沉浸·在场:论剧本杀场景的建构[J].电影文学,2022(15):72-75.

[128] 詹一虹,孙琨.非物质文化遗产传承的梗阻与元宇宙沉浸式场景的运用[J].江西社会科学,2022,42(08):180-189.

[129] 王昭.体验经济视域下数字沉浸文旅的创新性发展[J].江西社会科学,2022,42(08):90-107.

[130] 卢尧选,王艺璇.沉浸式消费:电商直播中青年网络消费的空间生产[J].中国青年研究,2022(12):75-83.

[131] 段鹏.5G技术驱动下媒体发展未来路向[J].中国出版,2022(22):24-28.

[132] 王福.场景如何赋能短视频商业模式价值创造?——快手和抖音双案例研究[J].西安交通大学学报(社会科学版),2022,42(06):170-182.

[133] 王福,闫雅苹,刘宇霞,等.短视频平台场景化感官服务效用形成机理及其模型构建[J].现代情报,2022,42(10):27-35.

[134] 胡创业.电商直播、产品卷入度与消费者决策[J].商业经济研究,2022(17):109-112.

[135] 胡晓筝,刘诣.直播场景氛围对顾客冲动消费的影响:基于消费者思维方式的异质性分析[J].商业经济研究,2022(12):84-87.

[136] 刘志,马芳菲.移动直播:视频新闻生产与传播场景再造[J].中国广播电视学刊,2022(06):60-64.

[137] 戴建平,骆温平.农产品直播情境下增强用户黏性的关键路径[J].中国流通经济,2022,36(05):30-41.

[138] 郭全中,刘文琦.电商平台与短视频平台直播带货的比较研究[J].传媒,2022(09):49-52.

[139] 王海玉.场景理论视角下的图书直播互动研究[J].出版发行研究,2022(01):41-46+53.

[140] 林玮, 梁奥梦. "全感官时代":电视晚会的场景变革及其意义[J]. 中国电视, 2022(05): 28–33.

[141] 傅立海. 数字技术对文化产业内容生产的挑战及其应对策略[J]. 湖南大学学报(社会科学版), 2022, 36(06): 92–97.

[142] 覃晓燕, 李丹. 元宇宙视域下文化创意产业园区发展策略研究——以深圳市文化创意产业园区为例[J]. 经济问题, 2022(11): 96–105.

[143] 唐洁, 丁丹. 元宇宙视野下数字藏品的发行价值与发展策略[J]. 出版广角, 2022(21): 91–94.

[144] 王扬. 元宇宙视角下出版业的发展机遇与挑战[J]. 出版广角, 2022(18): 12–17.

[145] 姚占雷, 盛嘉祺, 许鑫. 非遗民俗生活性保护的媒体传播及其策略——以二十四节气为例[J]. 图书馆论坛, 2019, 39(01): 24–32.

[146] 胡沈明, 张俊亚. 自媒体观点表达叙事化语态的生成逻辑探析[J]. 新闻爱好者, 2022(05): 33–36.

[147] 王佳航. 交往场景的新闻:从新冠肺炎舆情看互联网下半场媒体私域传播转向[J]. 中国出版, 2020(10): 29–33.

[148] 刘枫, 喻国明. 自媒体内容生产与传播未来模式[J]. 中国出版, 2020(04): 21–25.

[149] 张文法. 短视频品牌营销效果提升路径研究[J]. 中国广播电视学刊, 2020(02): 78–79.

[150] 王玉凤, 刘逸帆. 自媒体平台美食类短视频的艺术化表达[J]. 中国广播电视学刊, 2019(08): 30–33.

[151] 韩如璋. 论MCN模式对新媒体平台内容供给的影响[J]. 传媒, 2022(19): 52–54.

[152] 张龙, 于洪娜. 元宇宙概念下的新媒体演进与策略[J]. 传媒, 2022(14): 25–27.

[153] 郑春平, 张瑜. 场景·话语·互动:短视频产品年轻态传播范式创新[J]. 传媒观察, 2022(03): 41–46.

[154] 鲁普及. 场景化思维下广告设计的特征及其信息传播机制[J]. 包装工程, 2022, 43(02): 211–215.